JOÃO LUCAS DAMBROSI USTER

CONTRATOS INTELIGENTES (*SMART CONTRACTS*): POSSIBILIDADE E DESAFIOS NO ORDENAMENTO JURÍDICO BRASILEIRO

INTRODUÇÃO

A tecnologia tem crescido de forma exponencial, trazendo transformações extremamente rápidas no dia a dia da sociedade. Basta observar a acelerada evolução trazida pela internet e, a partir disso, as diversas novas formas de negócios, de criptografia, de transações financeiras, de comunicação, de lazer, de transporte entre diversas outras.

Ocorre que, nem sempre, o ordenamento jurídico é capaz de se adaptar às novas tendências da tecnologia. Exemplo disso é o caso da Uber, a qual enfrentou grandes empecilhos (em muitas cidades ainda enfrenta) para que fosse possível sua atuação no Brasil. Exemplo semelhante é o caso dos aplicativos de mensagens instantâneas e dos provedores de filmes por *streaming*.[1]

---

[1] Para melhor compreensão, ver NETO, Floriano de Azevedo Marques; DE FREITAS, Rafael Véras. **Uber, WhatsApp, Netflix: os novos quadrantes da publicatio e da assimetria regulatória**. Editora Forum. Disponível em: http://www.editoraforum.com.br/ef/wp-content/uploads/2016/12/famn-rv.pdf.

Não bastasse isso, há, também, a popularização de assinaturas eletrônicas, as quais foram responsáveis pelo aumento das transações virtuais, tendo em vista a eficácia probatória mais robusta que são capazes de conferir aos documentos assinados de forma virtual e, posteriormente, a assinatura digital (espécie de assinatura eletrônica), formada por criptografia assimétrica e, consequentemente mais segura e com maior grau de confiabilidade.[2] Com a possibilidade de autenticar documentos virtualmente, novos negócios começaram a ser possíveis, inclusive possibilitando a existência de empresas como a DocuSign, a qual tem como finalidade aumentar o grau de confiança nas declarações de vontade assinadas virtualmente.

Nos últimos poucos anos, uma nova tecnologia começou a despertar o interesse nos adeptos à rede: o *blockchain*. O advento dessa estrutura disruptiva abriu espaço para diversas novas modalidades de práticas por rede, sendo o exemplo mais conhecido a criptomoeda, tal como a *bitcoin*.

---

[2] MENKE, Fabiano. **Assinatura eletrônica: no direito brasileiro**. Editora Revista dos Tribunais, 2005. P. 44 e pp 151-152.

Pode-se definir *blockchain* como uma cadeia descentralizada de blocos de dados em que cada bloco (ou seja, cada participante da cadeia) armazena informações, as quais são repetidas em diversos outros blocos, o que faz com que todos os blocos contenham informações compartilhadas. [3] Dessa maneira, o mesmo dado está guardado em milhares de computadores espalhados pelo mundo, de forma que é quase impossível a alteração de dados, tendo em vista que, para isso, seria necessária a mudança em todos os milhares de computadores que também contenham a informação a ser alterada. Essa estrutura de armazenamento garante a confiabilidade e veracidade dos dados registrados em *blockchain*.

Até mesmo a ONU começou a utilizar a estrutura,[4] bem como se tem pensado na sua utilização

---

[3] GONÇALVES, Pedro Vilela Resende; CAMARGOS, Rafael Coutinho. **Blockchain, *smart contracts* e 'judge as a service' no direito brasileiro**. Governança das redes e o Marco Civil da Internet. Disponível em: http://irisbh.com.br/wp-content/uploads/2017/09/Anais-II-Semin%C3%A1rio-Governan%C3%A7a-das-Redes-e-o-Marco-Civil-da-Internet.pdf#page=207. P. 208

[4] Conforme notícia publicada em: https://guiadobitcoin.com.br/agencia-da-unicef-explora-contratos-inteligentes/

pelo Poder Judiciário.[5] Recentemente, foi noticiado que cortes de arbitragem estão passando a existir em estruturas de *blockchain.*[6]

A estrutura *blockchain* possibilitou alterações significativas na maneira como negócios jurídicos passaram a ser criados. Nesse contexto, surgiram os contratos inteligentes, também chamados de *smart contracts.*

Os contratos inteligentes, objeto do presente estudo, podem ser definidos como contratos com cláusulas programadas previamente, em uma estrutura de *blockchain*, e que, após celebrados, se tornam independentes de ações humanas para que sejam cumpridos. Logo, eliminam a preocupação com um fator importantíssimo e que muito influencia na celebração de contratos entre partes desconhecidas: a confiança.

---

[5] Conforme notícia publicada em: http://www.tecnologiadodia.com.br/tecnologia/muito-alem-da-bitcoin-especialista-acredita-que-a-tecnologia-blockchaln-pode-ajudar-o-sistema-judiciario,4264.jhtml

[6] Conforme notícia publicada em: https://www.conjur.com.br/2017-nov-02/surgem-cortes-arbitragem-virtual-estrutura-blockchain

Podem ser exemplos de contratos inteligentes a cessão de direitos, aplicação em fundos, compra e venda, aplicações em bolsa, contratos de seguro, contratos de fiança, todos celebrados na estrutura *blockchain* e com cláusulas programadas para autoexecução.

Portanto, os contratos inteligentes possuem uma característica bastante peculiar em relação aos demais contratos: sua executoriedade independe de ação das partes, ou seja, independe da vontade das partes. Em outras palavras, considerando a teoria do negócio jurídico, o plano da eficácia dos *smart contracts* prescinde de qualquer atuação humana.

Por outro lado, o direito contratual brasileiro é orientado por princípios e normas contratuais e de direito privado, os quais devem ser seguidos por qualquer modalidade de negócio que se pretenda inserir no mercado[7]. Os *smart contracts* não são exceção.

---

[7] Atentar que o dever de observar ou não as normas específicas dependerá da característica de disponibilidade ou indisponibilidade das mesmas.

Nos contratos inteligentes, há muitas dúvidas quanto a determinar se ferem ou não a ordem jurídica, isso porque, uma vez inseridos na estrutura de *blockchain*, tornam as cláusulas de execução programadas imutáveis, de forma que sequer as próprias partes poderão alterar o contrato.

Ao impedir a alteração do contrato inclusive pelas próprias partes, surgem muitas questões polêmicas: o distrato de um contrato inteligente, em princípio, poderia se tornar impossível.

Não bastasse isso, eventual ação cautelar, ajuizada por alguma das partes ou por terceiro, que fosse deferida, a fim de obstar o cumprimento do contrato, restaria impossibilitada de ser executada pelo juízo; há problemas nas formas de extinção dos contratos, como resolução por inadimplemento ou por onerosidade excessiva etc. Não se deve esquecer, também, do direito de arrependimento, nos contratos de consumo, que poderia ficar impossibilitado.

Há questões polêmicas também em relação à validade dos contratos inteligentes. Se as partes, a título de exemplo, celebrassem um contrato inteligente cujo objeto fosse ilícito, o que resultaria em sua invalidade e, consequentemente, no impedimento de seus efeitos, o contrato ainda assim se executaria sozinho, por mais que fosse inválido.

Por isso, o presente trabalho pretende examinar os *smart contracts* sob o ponto de vista dos princípios e normas gerais contratuais, a fim de descobrir se, no ordenamento jurídico brasileiro, há empecilhos à celebração desses contratos.

Propõe-se, para tanto, uma análise minuciosa dos contratos inteligentes a partir da teoria do negócio jurídico desenvolvida por Antonio Junqueira de Azevedo a fim de verificar se as condições e pressupostos de todos os planos, existência, validade e eficácia de contratos dessa modalidade estão devidamente preenchidos a fim de conferir aos *smart contracts* todos os atributos relacionados aos planos do de negócio jurídico.

Será tratado e especificado o conceito de contrato inteligente, distinguindo-o de outros conceitos paralelos, pois a doutrina diverge bastante acerca de seu conceito. Assim, o presente trabalho buscará conceituá-lo de maneira estrita e funcional ao Direito.

O presente trabalho é dividido em duas partes, sendo a primeira focada na dogmática contratual e conceitual do *smart contract*. Para tanto, nessa parte será estudado o conceito de contrato inteligente, de forma a identificá-lo no campo da teoria contratual e na teoria do negócio jurídico.

Serão abordados, também, os conceitos de *block*chain e de criptografia assimétrica, os quais representam importância para a compreensão dos *smart contracts*. Entender esses conceitos permite que entender o funcionamento de duas das principais características dos *smart contracts*, quais sejam, a alta dificuldade de alteração e a transparência.

Ainda nessa primeira parte, será estudada a teoria geral dos contratos, bem como a teoria geral do negócio jurídico, haja vista que será de suma importância para que seja possível avançar para a segunda parte.

Já a segunda parte do trabalho tratará de verificar os desafios que os *smart contracts* enfrentam no ordenamento jurídico brasileiro. A segunda parte do trabalho se justifica em razão do próprio estudo da possibilidade ou não de celebração de *smart contracts* no ordenamento pátrio.

Em caso de verificação da possibilidade legal de celebração de *smart contracts* em nosso ordenamento, ainda assim haveria questões que precisariam ser enfrentadas a fim de possibilitar que esses contratos possam efetivamente ter sua aplicação garantida. É por essa razão que a segunda parte do trabalho buscará elencar as principais dificuldades ou desafios que os *smart contracts* ainda enfrentam.

Não será objeto do trabalho, contudo, sanar cada uma das dificuldades ou desafios apontados quando da conclusão da possibilidade ou não de celebração de *smart contracts*, pois isso fugiria ao objetivo principal do estudo. Porém, no decorrer dos apontamentos, algumas alternativas serão trazidas com a finalidade meramente de despertar o interesse em novos estudos que busquem solucioná-las.

CAPÍTULO 1 – *SMART CONTRACTS*: ORIGEM E CONCEITO

Nesta parte, serão tratados o conceito e as principais características dos *smart contracts*, de forma a inseri-los no estudo da teoria geral dos contratos e da teoria do negócio jurídico. Apesar de se tratar de um estudo bastante dogmático, é importante que se faça, pois, é necessário verificar se os *smart contracts* podem ser qualificados como contratos, bem como é necessário estudar quais requisitos de validade e fatores de eficácia influenciam na possibilidade de serem aceitos pelo ordenamento jurídico brasileiro.

O presente capítulo tratará de entender o conceito de contrato inteligente. Tratará, também, de diferenciar o conceito estrito de outros conceitos de contratos inteligentes apontados pela doutrina. Para que seja possível compreender os *smart contracts*, será necessário, primeiramente, explicar o que é a estrutura de *blockchain*, bem como seu funcionamento e a razão pela qual essa tecnologia permite a criação dos *smart contracts*.

Logo, o primeiro subcapítulo a seguir tratará de explicar o conceito e o funcionamento da tecnologia *blockchain*. Será visto, brevemente, sua origem, bem como sua provável expansão pelo mercado, pelo governo e pela sociedade.

O segundo subcapítulo tratará de analisar a criptografia assimétrica como uma das características que garante o grau de confiança da tecnologia *blockchain*.

O terceiro subcapítulo tratará mais especificamente acerca do conceito de *smart contract*, bem como buscará entender sua origem e suas características. Nesse contexto, será possível obter dados que possibilitem inseri-los, ou não, no estudo da disciplina dos contratos.

1.1 *BLOCKCHAIN* COMO A TECNOLOGIA QUE POSSIBILITA A CRIAÇÃO DE *SMART CONTRACTS*

No meio eletrônico, é muito comum haver intermediação entre duas partes em um negócio. Exemplo disso pode ser visto com a Uber, cujo modelo de negócio é intermediar a relação entre os passageiros e os motoristas, recebendo uma comissão por isso.

Também é possível observar o modelo de negócio da empresa Udemy, que faz a intermediação entre alunos e professores, por meio de sua plataforma online de vendas de cursos, de forma que lucra com as comissões.

Porém, o sistema de intermediação na Internet também é percebido quando, em vez de serviços ou produtos, o que se está realizando são transações financeiras. O Paypal, por exemplo, realiza a intermediação de transações entre os usuários, recebendo uma pequena porcentagem do valor; ainda, as próprias bandeiras de cartões de crédito desempenham o papel de intermediário nas transações, recebendo, também, um percentual de comissão.

Em todos os exemplos acima citados, há um intermediário que, em razão disso, lucra por meio de percentuais de comissão em relação à transação realizada. Normalmente, o intermediário desempenha o papel de garantir a segurança da transação, disponibilizando ferramentas adequadas e seguras para que as partes possam realizar seus negócios jurídicos sem receios.

Ainda, o intermediário, atua como certificador de que determinada transação de fato ocorreu, impedindo sejam simuladas mais transações do que realmente ocorreram. Por esse motivo, Satoshi Nakamoto afirma que existe um custo de transação embutido e socialmente aceito, qual seja, o custo para que as partes se protejam de fraudes[8].

Porém, a segurança na transação não depende exclusivamente de um intermediário. Caso fosse possível que as próprias partes obtivessem meios de garantir tal segurança, bem como dispusessem das ferramentas necessárias às transações, o papel de um intermediário se tornaria desnecessário. Com isso, os custos de transação seriam menores.

---

[8] Em razão da necessidade de o intermediário prever possíveis fraudes, um custo acaba sendo criado para a realização das transações. O problema da fraude nese sistema somente seria evitado caso os pagamentos fossem realizados em dinheiro físico. Contudo, o pagamento em dinheiro físico exigiria a presença física de ambas as partes. NAKAMOTO, Satoshi. **Bitcoin: A Peer-to-Peer Electronic Cash System**. Disponível em https://bitcoin.org/bitcoin.pdf. Faz-se importante frisar que o termo "fraude" não foi utilizado no sentido jurídico do Direito Civil, mas sim na linguagem popular, no que diz respeito a atos ilícitos e enganosos de uma das partes a fim de, prejudicando a outra parte, obter vantagens patrimoniais para si.

O problema desse sistema, segundo Satoshi Nakamoto, é que ele possui as falhas de um sistema baseado na confiança. Uma dessas falhas é que, tendo em vista que as transações financeiras realizadas entre as partes podem ser revertidas, é necessário cobrar um valor em razão dessa possibilidade.[9]

Satoshi Nakamoto também diz que os custos de transação para proteção contra fraudes, principalmente envolvendo instituições financeiras, só existem em razão de que as partes necessitam de um terceiro, de confiança de ambos, que garanta a segurança de suas transações.[10]

Foi pensando nisso que foi criada a tecnologia *Blockchain*, cuja autoria costuma-se dar ao pseudônimo Satoshi Nakamoto. Não se sabe ao certo quem seria Satoshi Nakamoto; sequer é sabido se se trata de uma pessoa, ou organização, ou sociedade. Contudo, a tecnologia por ele desenvolvida trouxe

---

[9] NAKAMOTO, Satoshi. **Bitcoin: A Peer-to-Peer Electronic Cash System**. Disponível em https://bitcoin.org/bitcoin.pdf.

[10] NAKAMOTO, Satoshi. **Bitcoin: A Peer-to-Peer Electronic Cash System**. Disponível em https://bitcoin.org/bitcoin.pdf.

novas perspectivas acerca da transformação que os negócios realizados por meio dessa tecnologia podem sofrer.

Logo, a conclusão de Satoshi Nakamoto é a de que deveria haver a migração do sistema baseado na confiança para o sistema baseado na criptografia. Caso isso ocorresse, além de diminuir, ou, até mesmo, zerar os custos envolvendo um terceiro de confiança, ainda seria possível a realização de transações irreversíveis.[11]

Primavera de Filippi e Aaron Wright afirmam que a tecnologia *blockchain* possibilita, além da criação de criptomoedas nessa rede e dos *smart contracts*, também o desenvolvimento de novos sistemas de governança com políticas mais democráticas.[12]

Pelo motivo de a *blockchain* ter um caráter mais participativo e descentralizado, haja vista que

---

[11] NAKAMOTO, Satoshi. **Bitcoin: A Peer-to-Peer Electronic Cash System**. Disponível em https://bitcoin.org/bitcoin.pdf.

[12] WRIGHT, Aaron; PRIMAVERA De Filippi. **Decentralized blockchain technology and the rise of lex cryptographia.** *SSRN*, 2015. Disponível em: https://papers.ssrn.com/sol3/papers.cfm?abstract_id=2580664. p. 1.

atua de forma autônoma, muitas organizações poderão ser criadas para operar em uma rede de computadores de *blockchain* sem necessidade de intervenção. Essas aplicações levam muitos a comparar o *blockchain* com Internet, acompanhando as previsões de que essa tecnologia mudará o equilíbrio de poder longe das autoridades centralizadas no campo da comunicações, negócios e até política ou lei.[13]

Com a estrutura da *blockchain*, os usuários dessa tecnologia não precisam confiar uns nos outros. Para que consigam contratar com segurança, por exemplo, prescinde-se a confiança mútua, pois a única confiança que as partes precisarão depositar é na *blockchain,* a qual armazena e distribui os dados de maneira inteiramente desinteressada, ou seja, sem que sua estrutura vise beneficiar uma parte específica.[14]

---

[13] WRIGHT, Aaron; PRIMAVERA De Filippi. **Decentralized blockchain technology and the rise of lex cryptographia.** *SSRN,* 2015. Disponível em: https://papers.ssrn.com/sol3/papers.cfm?abstract_id=2580664. p. 1.

[14] RASKIN, Max. **The law and legality of smart contracts**. in Georgetown Law Technology Review. 2017. V 305. Disponível em https://georgetownlawtechreview.org/wp-content/uploads/2017/05/Raskin-1-GEO.-L.-TECH.-REV.-305-.pdf. p. 321.

É importante, contudo, frisar que a independência de confiança não é total, haja vista que, embora o grau de certeza e de segurança aumente consideravelmente em razão da utilização da *blockchain* pelas partes, há, ainda, de se garantir a segurança em relação às chaves privadas (que serão estudadas adiante), bem como se deve atentar ao grau probabilístico de alterações na plataforma *blockchain*. [15] Seria possível dizer que existe alta probabilidade de certeza e segurança em relação ao conteúdo registrado, de forma que se poderia presumir tal segurança, haja vista que os dados são registrados por meio de criptografia e de algoritmos.

A exemplo da segurança em relação à criptografia, Sthéfano Bruno Santos Divino alerta que, a título de exemplo, as chaves privadas das partes, caso fossem comprometidas, poderiam desencadear violação de segurança na rede *blockchain*.[16]

---

[15] DIVINO, Sthéfano Bruno Santos. **Smart contracts: conceitos, limitações, aplicabilidade e desafios.** Revista Jurídica Luso-Brasileira, ano 4, 2018, nº 6. Disponível em: http://www.cidp.pt/revistas/rjlb/2018/6/2018_06_2771_2808.pdf. P 27.

[16] DIVINO, Sthéfano Bruno Santos. **Smart contracts: conceitos, limitações, aplicabilidade e desafios.**

É por esse motivo que a chave privada do usuário precisa permanecer protegida de terceiros. Somente o titular da chave privada é quem pode ter acesso a ela. Inclusive, é por meio da chave privada que o usuário titular da mesma terá condições de obter acesso a determinado cadastro seu em *blockchain* caso perca seus demais dados cadastrais, tais como login e senha.

Contudo, a chave pública, por não gerar risco de terceiros decifrarem a chave privada, pode ser divulgada sem problemas. É através do conhecimento da chave pública que esses terceiros poderão, inclusive, realizar pagamentos destinados ao titular da chave privada.

É importante, ainda, dizer que a tecnologia *blockchain* não deve ser tratada como imune a qualquer falha de segurança. Não existe tecnologia imune a falhas. Já foram feitos alguns testes que

---

Revista Jurídica Luso-Brasileira, ano 4, 2018, nº 6. Disponível em: http://www.cidp.pt/revistas/rjlb/2018/6/2018_06_2771_2808.pdf. P. 27.

detectaram falhas na rede *blockchain*, apesar de que tenham sido situações muito específicas e pontuais.[17]

Satoshi Nakamoto refere-se a *blockchain* como uma cadeia de blocos de assinaturas eletrônicas, as quais são repetidas em diversos outros blocos.[18] Assim, a transação entre duas partes não é registrada apenas entre elas, mas sim em vários computadores espalhados pelo mundo, garantindo maior grau de confiabilidade.

Max Raskin, no mesmo sentido, define *blockchain* como um livro de registro descentralizado, o qual é constituído de bancos de dados que armazenam informações criadas, em uma rede, sem qualquer autoridade central. Max Raskin acredita que

---

[17] Nesse sentido, um estudo revelou algumas falhas encontradas em *smart contracts* da rede *Ethereum*. ATZEI, Nicola; BARTOLETTI, Massimo; CIMOLI, Tiziana. **A Survey of Attacks on Ethereum Smart Contracts (SoK). A Survey of Attacks on Ethereum Smart Contracts (SoK).** In: Maffei M., Ryan M. (eds) Principles of Security and Trust. POST 2017. Lecture Notes in Computer Science, vol 10204. Springer, Berlin, Heidelberg. p. 164-186.

[18] No artigo de Satoshi Nakamoto, é apresentada a *bitcoin*, bem como explicado o funcionamento da tecnologia que permite sua criação e circulação, a *blockchain*. NAKAMOTO, Satoshi. **Bitcoin: A Peer-to-Peer Electronic Cash System.** Disponível em https://bitcoin.org/bitcoin.pdf.

o uso dessa tecnologia aumentará consideravelmente.[19]

Em sentido semelhante, Alexander Savelyev define *blockchain* como sendo um banco de dados distribuído e descentralizado de todas as transações verificadas que ocorrem dentro de um sistema P2P por meio de algoritmos criptografados. Por sistema P2P, Alexander Savelyev refere-se à ausência de uma entidade centralizadora das informações, ou seja, os próprios integrantes da rede é que são os responsáveis diretos pela transferência e criação dos dados.[20]

Até o momento de escrita da presente dissertação, não há vasta doutrina jurídica no Brasil acerca do conceito de *blockchain*. O que se tem percebido é que os conceitos costumam ser retirados da doutrina estrangeira, através de estudos da área da

---

[19] RASKIN, Max. **The law and legality of smart contracts**. in Georgetown Law Technology Review. 2017. V 305. p. 319.

[20] SAVELYEV, Alexander. **Contract Law 2.0: 'Smart contracts' as the beginning of the end of classic contract law.** Information and Communications Technology Law. Vol. 26, n.2, p. 116-134, jan-abr. 2017. Disponível em: http://www.tandfonline.com/doi/full/10.1080/13600834.2017.1301 036. p. 5.

Tecnologia da Informação, principalmente da referência de Satoshi Nakamoto.

Para que seja possível entender com maior profundidade o conceito de *blockchain*, é importante tratar do que é assinatura eletrônica, o que será feito a seguir. Contudo, desde já é importante dizer que a assinatura eletrônica é uma das responsáveis por fazer com que a tecnologia *blockchain* tenha segurança e esteja sendo utilizada por cada vez mais adeptos.

Contudo, antes de se tratar acerca da assinatura eletrônica, é importante esclarecer alguns pontos importantes que devem ser observados quanto à tecnologia *blockchain*. O primeiro deles é em relação à quantidade de *blockchains* existentes.

Quando se escreve sobre o assunto, é muito comum alguns autores tratarem a *blockchain* como uma tecnologia única e pública. Porém, devido à aceitabilidade e à aderência que essa tecnologia teve perante os usuários, foram criadas outras plataformas que também utilizam a tecnologia *blockchain*.[21]

---

[21] O que estimula que essas *blockchains* sejam mantidas são as recompensas normalmente fornecidas àqueles que disponibilizam seus computadores para os registros das

Por esse motivo, não se pode dizer que existe uma *blockchain*, mas sim várias. Cada uma delas possui características próprias, principalmente no que diz respeito às possibilidades de programação interna, o que viabiliza ou não, certas operações e certas adaptações.

Um exemplo bastante exaltado da aplicação da *blockchain* é a possibilidade de se estabelecer registros não apenas de forma descentralizada, mas também de forma que não haja qualquer envolvimento por parte de governos.[22]

---

transações em *blockchain*. Nesse sentido, Primavera de Fillippi e Aaron Wright explicam que um dos incentivos dados aos indivíduos que colaboram para com os registros de *blockchain*, os quais fazem isso disponibilizando os computadores para que resolvam problemas matemáticos de alta complexidade, é a recompensa através de criptomoedas. WRIGHT, Aaron; PRIMAVERA De Filippi. **Decentralized blockchain technology and the rise of lex cryptographia**. *SSRN,* 2015. Disponível em: https://papers.ssrn.com/sol3/papers.cfm?abstract_id=2580664. p. 7.

[22] Primavera de Fillippi e Aaron Wright afirmam que, com a *blockchain*, haverá a possibilidade de se criarem associações descentralizadas que atuarão de forma independente da intervenção de terceiros. Afirmam, ainda, que a doutrina jurídica ainda terá de entender melhor as implicações jurídicas que essas associações acarretarão. WRIGHT, Aaron; PRIMAVERA De Filippi. **Decentralized blockchain technology and the rise of lex cryptographia**. *SSRN,* 2015. Disponível em: https://papers.ssrn.com/sol3/papers.cfm?abstract_id=2580664. p. 1.

O que se pode dizer é que a *blockchain* pode ter um conceito amplo e um conceito estrito. Quanto ao seu conceito amplo, trata-se da tecnologia que permite a criação de blocos em cadeia, os quais compartilham as informações e se utilizam da criptografia assimétrica para aumentar o grau de confiabilidade. Já quanto ao seu sentido estrito, seria possível denominar várias *blockchains* existentes, e, também, outras que estão em processo de construção e que, em breve, estarão disponíveis.[23]

Para exemplificar melhor, é possível destacar a *blockchain* por trás da *bitcoin*, que é a criptomoeda mais conhecida. Porém, existem outras moedas[24], chamadas genericamente de *altcoins*, as quais, em sua estrutura, apresentam, cada uma, uma

---

[23] No presente trabalho, em todas as vezes que que for referida a palavra *blockchain*, é importante dizer que se está fazendo referência à tecnologia em si. Ou seja, não se está falando da *blockchain* propriamente conhecida por *Blockchain*, mas sim da tecnologia em sentido amplo, da qual várias *blockchain* derivam, cada uma podendo possuir um nome próprio.

[24] No mesmo sentido, Primavera de Fillippi e Aaron Wright dizem que são inúmeras as criptomoedas existentes atualmente, de forma que a bitcoin é apenas uma delas. WRIGHT, Aaron; PRIMAVERA De Filippi. **Decentralized blockchain technology and the rise of lex cryptographia**. *SSRN*, 2015. Disponível em: https://papers.ssrn.com/sol3/papers.cfm?abstract_id=2580664. p. 8.

blockchain distinta que permite a sua criação, circulação e programação.[25]

Um exemplo conhecido de *altcoin* é o *ether*, criptomoeda gerada por meio da *blockchain* Ethereum. Ademais, essa *blockchain* tem se tornado cada vez mais relevante, principalmente porque as possibilidades de programação nessa *blockchain* são maiores, o que facilita, por exemplo, a criação de *smart contracts*.[26]

Essas criptomoedas não são utilizadas apenas como forma de investimentos por especulação. Além de poderem ser ferramentas para investimentos, elas também colaboram para a criação de um sistema de pagamentos totalmente novo, o qual permite a transferência desses ativos para qualquer lugar do mundo.[27]

---

[25] O altcoin.com.br é um site bastante utilizado por investidores, e nele é possível consultar a cotação de mais de 1800 criptomoedas alternativas (*altcoins*). Para maiores informações, consultar: https://altcoin.com.br/.

[26] Ethereum vs Bitcoin: **Is Ethereum a Better Bitcoin Alternative?**. Disponível em: https://www.bitdegree.org/tutorials/ethereum-vs-bitcoin/#Smart_contracts. Acesso em 20/4/2019.

[27] WRIGHT, Aaron; PRIMAVERA De Filippi. **Decentralized blockchain technology and the rise of lex**

Ao contrário do sistema de pagamentos tradicional, em que uma transferência internacional pode levar até alguns dias para ser concluída, uma transferência de criptoativos pode ser realizada em minutos, independentemente da localização geográfica.[28]

Ainda, é importante destacar não só a existência de mais de uma *blockchain*, mas também que existem *blockchains* públicas e *blockchains* privadas. Essa característica diz respeito ao acesso ou não de terceiros na rede.

Em uma *blockchain* pública, tal como a do Bitcoin, qualquer pessoa poderá ter acesso e usufruir dos benefícios da tecnologia, bastando, para isso, que acesse a *blockchain*. Não há limitações para o referido acesso.

Já em uma *blockchain* privada, o número de usuários é bastante menor comparado ao número de

---

cryptographia. *SSRN*, 2015. Disponível em: https://papers.ssrn.com/sol3/papers.cfm?abstract_id=2580664. p. 9.

[28] WRIGHT, Aaron; PRIMAVERA De Filippi. **Decentralized blockchain technology and the rise of lex cryptographia**. *SSRN*, 2015. Disponível em: https://papers.ssrn.com/sol3/papers.cfm?abstract_id=2580664. p. 9.

usuários de uma *blockchain* pública. Ainda assim, devido às vantagens da tecnologia, tal como a não concentração de dados em um único banco de dados, algumas empresas, sociedades, associações ou até grupos parceiros, criam *blockchains* para uso particular, de forma que o acesso à rede se dá de forma restrita, apenas entre os participantes autorizados.[29]

É possível dizer que as *blockchains* privadas gozem de menor segurança que as *blockchains* públicas, e isso se dá em razão de que, nas privadas, o número de usuários é menor, de forma que há menor quantidade de máquinas armazenando as informações da rede.[30]

A *blockchain*, desde então, tem se expandido cada vez mais. Além da quantidade de criptomoedas que tem crescido (atualmente, já são mais de mil)[31], há também uma grande quantidade de negócios sendo criados na plataforma *bockchain*, bem

---

[29] **Blockchain híbrida: o melhor dos dois mundos**. Disponível em: https://101blockchains.com/pt/blockchain-hibrida-explicado/. Acesso em: 20/5/2019.

[30] **Blockchain híbrida: o melhor dos dois mundos**. Disponível em: https://101blockchains.com/pt/blockchain-hibrida-explicado/. Acesso em: 20/5/2019.

[31] Ver nota 14.

como negócios já existentes que estão sendo expandidos para essa plataforma, como é o caso de alguns bancos.[32]

No livro Blockchain Revolution, Don Tapscott e Alex Tapscott comentam que a há forte tendência de a *blockchain* adentrar nos negócios bancários.[33] Até mesmo a ONU já está utilizando a plataforma.[34] Mais recentemente, o Ministério da

---

[32] Sobre esse assunto, houve inclusive manifestação do chefe de informação do Bacen, conforme pode ser visto em: "Blockchain privada é a solução para diminuir custos", diz chefe de informação do Bacen. Disponível em https://portaldobitcoin.com/blockchain-privada-e-solucao-para-diminuir-custos-diz-chefe-de-informacao-do-bacen/. Acesso em: 20/05/2019. Ainda, Primavera de Fillippi e Aaron Wright afirmam que a tecnologia *blockchain* tem uma importante característica de permitir a criação de moedas digitais que não sejam apoiadas por nenhum governo. WRIGHT, Aaron; PRIMAVERA De Filippi. **Decentralized blockchain technology and the rise of lex cryptographia**. *SSRN*, 2015. Disponível em: https://papers.ssrn.com/sol3/papers.cfm?abstract_id=2580664. p. 2.

[33] TAPSCOTT, Don; TAPSCOTT, Alex. **Blockchain revolution. Como a tecnologia por trás do bitcoin está mudando o dinheiro, os negócios e o mundo**. Senai-SP, São Paulo: 2017. pp 106-109.

[34] Conforme notícia publicada em: https://guiadobitcoin.com.br/agencia-da-unicef-explora-contratos-inteligentes/. Ver também as mudanças que a tecnologia poderá trazer à sociedade caso seja utilizada em maiores escalas pelo governo: TAPSCOTT, Don; TAPSCOTT, Alex. **Blockchain revolution. Como a tecnologia por trás do bitcoin está mudando o dinheiro, os negócios e o mundo**. Senai-SP, São Paulo: 2017. pp 247-260.

Fazenda anunciou que também utilizará a *blockchain* para registro de operações, o que facilitará não só o trabalho do contribuinte, que será simplificado, haja vista que muitas informações que devem ser preenchidas por ele se repetem em diversos locais, fazendo com que o contribuinte tenha de despender tempo, mas também da própria Receita, a qual poderá se beneficiar da maior exatidão e congruência dos dados fornecidos.[35]

Alexander Savelyev afirma que o valor intrínseco da tecnologia *blockchain* está em duas principais características. A primeira delas diz respeito à possibilidade de realizar transferências, não só de ativos digitais, mas também de ativos que não sejam digitais, mas que tenham uma representação virtual.[36]

---

[35] Receita Federal publica norma sobre compartilhamento de dados utilizando tecnologia Blockchain. Disponível em : http://receita.economia.gov.br/noticias/ascom/2018/novembro/receita-federal-publica-norma-sobre-compartilhamento-de-dados-utilizando-tecnologia-blockchain. Acesso em 15/05/2019.

[36] SAVELYEV, Alexander. **Contract Law 2.0: 'Smart' contracts as the beginning of the end of classic contract law**. Information and Communications Technology Law. Vol. 26, n.2, p. 116-134, jan-abr. 2017. Disponível em: http://www.tandfonline.com/doi/full/10.1080/13600834.2017.1301036. p. 5.

Já a segunda característica diz respeito à desintermediação da economia, o que permite que seja realizada a manutenção de registros confiáveis, inclusive sobre propriedades, sem que tenha de se envolver um intermediário, ou seja, sem a necessidade de registradores, de instituições financeiras etc.[37]

Alexander Savelyev cita, ainda, que se estima que, até 2027, cerca de 10% do PIB mundial estará concentrado em tecnologias de *blockchain*. A fonte dessa afirmação de Savelyev foi retirada de um relatório do Fórum Econômico Mundial.[38]

A professora Primavera de Fillippi e Aaron Wright afirmam que a tecnologia *blockchain* fez ainda mais. Não é apenas responsável pela criação de criptomoedas ou de facilitar as transações financeiras,

---

[37] SAVELYEV, Alexander. **Contract Law 2.0: 'Smart' contracts as the beginning of the end of classic contract law**. Information and Communications Technology Law. Vol. 26, n.2, p. 116-134, jan-abr. 2017. Disponível em: http://www.tandfonline.com/doi/full/10.1080/13600834.2017.1301036. p. 5.

[38] SAVELYEV, Alexander. **Contract Law 2.0: 'Smart' contracts as the beginning of the end of classic contract law**. Information and Communications Technology Law. Vol. 26, n.2, p. 116-134, jan-abr. 2017. Disponível em: http://www.tandfonline.com/doi/full/10.1080/13600834.2017.1301036. p. 6.

mas também foi ela quem permitiu a criação dos *smart contracts*, os quais são umas inovações tecnológicas mais disruptivas para o exercício da advocacia.[39]

No mesmo sentido, Alexander Savelyev também afirma que uma das funcionalidades mais promissoras que a tecnologia *blockchain* foi capaz de gerar é a criação de contratos automatizados independentes de humanos para que sejam cumpridos, ou seja, os *smart contracts*.[40]

Primavera de Fillippi e Aaron Wright também dizem que foi graças à tecnologia *blockchain* que a ideia iniciada por Nick Szabo foi finalmente possível na prática.[41] Em outras palavras, sem a

---

[39] WRIGHT, Aaron; PRIMAVERA De Filippi. **Decentralized blockchain technology and the rise of lex cryptographia**. *SSRN,* 2015. Disponível em: https://papers.ssrn.com/sol3/papers.cfm?abstract_id=2580664. p. 10.

[40] SAVELYEV, Alexander. **Contract Law 2.0: 'Smart' contracts as the beginning of the end of classic contract law**. Information and Communications Technology Law. Vol. 26, n.2, p. 116-134, jan-abr. 2017. Disponível em: http://www.tandfonline.com/doi/full/10.1080/13600834.2017.1301 036. p. 3.

[41] WRIGHT, Aaron; PRIMAVERA De Filippi. **Decentralized blockchain technology and the rise of lex cryptographia**. *SSRN,* 2015. Disponível em: https://papers.ssrn.com/sol3/papers.cfm?abstract_id=2580664. p. 11.

tecnologia *blockchain*, os *smart contracts* pensados por Nick Szabo jamais teriam sido de fato criados.

A seguir, passa-se à análise da criptografia assimétrica, de forma que se entenda seu conceito, bem como algumas de suas características. Conhecendo o funcionamento desse modelo de criptografia, é possível compreender a segurança depositada nas *blockchains*, bem como, consequentemente, nos *smart contracts*.

1.2 CRIPTOGRAFIA ASSIMÉTRICA

Um dos pilares da segurança da tecnologia *blockchain* é a criptografia. Contudo não se trata de qualquer criptografia, mas sim de um tipo especial denominado criptografia assimétrica, ou, como também é conhecida, criptografia de chaves públicas.

Neste subcapítulo, será tratado do conceito de criptografia assimétrica, bem como seu diferencial em relação à criptografia simétrica. A seguir, será descrito como essa tecnologia foi capaz de garantir a segurança da rede de *blockchain*, bem como das transações nela efetuadas.

A importância prática de entender o conceito de criptografia assimétrica não se esgota na área da programação, apesar de ser de fundamental importância para o estudo dessa. Porém, há repercussões jurídicas, não só no que diz respeito à segurança e à proteção de dados, mas também no que diz respeito ao próprio reconhecimento de autoria das manifestações de vontade.

Passa-se à análise da criptografia assimétrica e de sua importância na garantia da segurança da rede *blockchain*. Para tanto, será necessário expor os elementos da criptografia simétrica.

A criptografia simétrica é utilizada há milhares de anos. No Livro dos Códigos, de Simon Singh, o autor traz, de forma bastante atrativa, o histórico milenar, desde os primeiros códigos utilizados no antigo Egito, até a criptografia quântica, ainda pouco desenvolvida. Inclusive, durante a maior parte da história, foi utilizada a criptografia simétrica para ocultar mensagens dos povos e/ou grupos inimigos.[42]

---

[42] SINGH, Simon. **O livro dos códigos. A ciência do sigilo - do antigo Egito à criptografia quântica**. Record. São Paulo, 2004. 293 ss.

Simon Singh mostra que a criptografia simétrica teve duração de milhares de anos, até que os decifradores começaram a entender que o mecanismo em que consistiam era extremamente simples de ser decifrado. Essa forma de criptografia consiste em uma chave, a qual é compartilhada entre o remetente e o receptor da mensagem codificada, por meio da qual, e somente por meio dessa chave, é possível que o receptor consiga decifrar a mensagem.[43]

Um exemplo simples de chave de criptografia simétrica pode ser dado alterando as letras de uma mensagem, respectivamente, pela letra imediatamente seguinte de acordo com a ordem alfabética. Assim, a palavra "CASA" seria cifrada como "DBTB". O receptor da mensagem, tendo conhecimento da chave utilizada para cifrar a palavra, aplicaria a mesma chave para decifrá-la.

O problema desse tipo de chave, ou seja, o grande problema da criptografia simétrica, é que, embora a chave seja compartilhada exclusivamente entre o remetente e o receptor, um terceiro que

---

[43] SINGH, Simon. O livro dos códigos. **A ciência do sigilo - do antigo Egito à criptografia quântica**. Record. São Paulo, 2004. pp 293-297.

analisasse as mensagem trocadas conseguiria facilmente descobrir a chave utilizada e, a partir disso, começaria a decifrar todas as mensagens.

Por esse motivo, matemáticos e estudiosos afins buscaram, durante anos, uma forma de resolver esse problema, qual seja, o de garantir uma mensagem cifrada sem possibilidade de um terceiro captar a chave utilizada entre remetente e receptor. Foi então que, por volta de 1975, Ronald Rivest, Adi Shamir e Leonard Adleman criaram a primeira criptografia assimétrica, ou, como também foi chamada, criptografia de chaves públicas, a qual chamaram de criptografia RSA (termo que faz referência às iniciais de seus nomes).[44]

Hoje, a criptografia assimétrica também tem importante utilidade nas assinaturas digitais. Assinatura digital trata-se de uma espécie de assinatura eletrônica, porém é desenvolvida por meio da tecnologia de chaves públicas, ou seja, com base na criptografia assimétrica.[45]

---

[44] SINGH, Simon **O livro dos códigos. A ciência do sigilo - do antigo Egito à criptografia quântica**. Record. São Paulo, 2004. pp 292-298.

[45] MENKE, Fabiano. **Assinatura eletrônica no direito brasileiro**. Editora Revista dos Tribunais, 2005. pp 44-48.

Segundo Ricardo Lorenzetti, a criptografia assimétrica é, dentro todos os sistemas técnicos de assinatura, a tecnologia mais segura atualmente. Contudo, Lorenzetti ressalta que não se deve descartar a hipótese de uma tecnologia de criptografia mais avançada do que a assimétrica surgir futuramente, de forma inclusive que as próprias leis que atualmente regulam a criptografia assimétrica venham a cair em desuso.[46]

No mesmo sentido, Patricia Peck Pinheiro afirma que a segurança trazida pela criptografia no meio digital atualmente já é maior do que a segurança no mundo real, haja vista que as falsificações por grafia são probabilisticamente mais fáceis de serem efetuadas do que as falsificações por criptografia assimétrica.[47]

Patricia Peck Pinheiro também ressalta que, na Internet, o padrão utilizado já costuma ser o de

---

[46] Ainda, por assinatura, Lorenzetti entende que, em sentido amplo, é "qualquer método ou símbolo usado por uma parte com a intenção de vincular-se ou autenticar um documento". LORENZETTI, Ricardo L. **Comércio Eletrônico. Tradução de Fabiano Menke**. São Paulo: Revista dos Tribunais, 2004. p. 102.

47 PINHEIRO, Patricia Peck. **Direito Digital**. 6ª edição. São Paulo: Saraiva. 2016. p. 270.

criptografia assimétrica, isso devido ao grau de segurança que apresenta.[48]

O funcionamento da criptografia de chaves públicas consiste em uma chave privada, a qual somente o possuidor tem acesso e que jamais pode ser divulgada, e uma chave pública, a qual o possuidor divulga para os demais com que pretende celebrar determinada transação. Quando o possuidor da chave privada encripta sua mensagem, o receptor é capaz de descriptografá-la utilizando a chave pública divulgada, e, dessa forma, ele sabe quem assinou o documento e que o mesmo foi entregue inalterado.[49]

A chave pública, pode-se dizer, revolucionou as formas de criptografia até então utilizadas, visto que, em se tratando de criptografia simétrica, para cada receptor da mensagem, é necessário criar uma chave própria para ser utilizada, sob risco de terceiros mal intencionados terem acesso aos conteúdos das mensagens. Já com criptografia assimétrica, a mesma chave pública pode ser utilizada

---

[48] PINHEIRO, Patricia Peck. **Direito Digital**. 6ª edição. São Paulo: Saraiva. 2016. p. 270.

[49] MENKE, Fabiano. **Assinatura eletrônica no direito brasileiro**. Editora Revista dos Tribunais, 2005. pp 46-47.

para todos os receptores da mensagem, haja vista que a chave privada continua armazenada em sigilo.[50]

Ademais, vale ressaltar o aspecto de que, na criptografia simétrica, a mesma chave é utilizada tanto para criptografar quanto para descriptografar a mensagem, enquanto que na criptografia assimétrica, é utilizada uma chave para criptografar (chave privada) e outra chave para descriptografar (chave pública). O funcionamento matemático desse sistema não é o foco do presente trabalho, porém vale dizer que consiste em uma fórmula matemática que utiliza números primos em razão de sua propriedade de difícil fatoração.[51]

A assinatura digital é capaz de dar maior robustez às assinaturas realizadas em meio eletrônico, visto que desempenham um importante valor probatório quanto à autoria e à integridade do conteúdo do documento assinado. [52]

---

[50] SINGH, Simon. **O livro dos códigos. A ciência do sigilo - do antigo Egito à criptografia quântica**. Record. São Paulo, 2004. p 295.

[51] SINGH, Simon. **O livro dos códigos. A ciência do sigilo - do antigo Egito à criptografia quântica**. Record. São Paulo, 2004. pp 294 ss.

[52] MENKE, Fabiano. **Assinatura eletrônica no direito brasileiro**. Editora Revista dos Tribunais, 2005. pp 151.

Porém, em se tratando da criptografia assimétrica utilizada na rede *blockchain*, essa não tem como papel principal a presunção de autoria, mas sim a segurança das transações realizadas no que toca ao seu conteúdo. Em outras palavras, o que se quer não é garantir a autoria de determinado documento assinado, mas sim garantir a segurança e a integridade dos dados armazenados em *blockchain*.

O descrito acima se deve ao fato de que, por exemplo, uma criptomoeda gerada na rede *blockchain* nada mais é do que uma cadeia de assinaturas eletrônicas, em que cada usuário, para transferir uma criptomoeda a outro, assina digitalmente o *hash* da transação anterior e adiciona a chave pública do próximo dono da moeda.[53]

Dessa forma, a chave privada de cada usuário se mantém sempre protegida, pois nunca será necessário divulgá-la. Porém, para que consiga receber determinada transação em *blockchain*, o

---

[53] NAKAMOTO, Satoshi. **Bitcoin: A Peer-to-Peer Electronic Cash** System Disponível em: https://bitcoin.org/bitcoin.pdf. Acesso em 28/10/2017. Acesso em: 27/10/2017.

usuário precisa divulgar sua chave pública, pois essa deverá ser adicionada à cadeia de blocos.[54]

Seria possível, contudo, questionar acerca da segurança não em relação à criptografia, mas em relação ao chamado duplo dispêndio. O duplo dispêndio consiste em realizar a transferência da mesma moeda mais de uma vez.[55]

No sistema financeiro, o problema do duplo dispêndio é resolvido por meio de órgãos fiscalizadores, os quais analisam cada transação e garantem que determinada quantia transferida realmente pertence ao proprietário e ainda não foi transferida para outrem. Mas a dúvida surge, em muitos, em relação a como seria garantida a segurança da cadeia em *blockchain*, já que não há um órgão fiscalizador centralizado.[56]

---

[54] NAKAMOTO, Satoshi. **Bitcoin: A Peer-to-Peer Electronic Cash** System Disponível em: https://bitcoin.org/bitcoin.pdf. Acesso em 28/10/2017. Acesso em: 27/10/2017.

[55] NAKAMOTO, Satoshi. **Bitcoin: A Peer-to-Peer Electronic Cash** System Disponível em: https://bitcoin.org/bitcoin.pdf. Acesso em 28/10/2017. Acesso em: 27/10/2017.

[56] NAKAMOTO, Satoshi. **Bitcoin: A Peer-to-Peer Electronic Cash** System Disponível em:

A segurança da cadeia é garantida pelo fato de que cada bloco, ou cada computador, armazena dados que são repetidos e armazenados em outros computadores, dificultando, assim, a prática de atos fraudulentos de alteração de dados, pois, para que seja possível a alteração de um dado em uma estrutura de *blockchain*, há de se alterar o mesmo dado em quase todos os demais blocos que contenham a mesma informação, segundo artigo publicado pela Associação Brasileira de Distribuidores da Tecnologia da Informação.[57]

No meio jurídico, o *blockchain* tem despertado bastante interesse por diversos motivos, tais como a natureza jurídica das relações realizadas por meio dessa estrutura. A transação entre duas partes, em que uma entrega um conteúdo e a outra entrega certa quantidade de criptomoedas, por exemplo, necessita de uma definição jurídica.

Um dos aspectos que desperta interesse jurídico, contudo, na estrutura de *blockchain*, são os

---

https://bitcoin.org/bitcoin.pdf. Acesso em 28/10/2017. Acesso em: 27/10/2017.

[57] Artigo publicado em: http://www.abradisti.org.br/blog/news-context-sera-que-o-blockchain-resolvera-a-seguranca-da-automacao-e-do-iot/

contratos inteligentes.[58] É a partir desses tipos de contratos que muitas transações têm ganhado cada vez mais espaço, e por isso o estudo desses contratos torna-se imprescindível.

1.3 *SMART CONTRACTS*: DEFINIÇÃO E COMPREENSÃO

O termo *smart contract*, também conhecido como contrato inteligente, não é novo. Max Raskin aponta que discussões acerca das máquinas automáticas de venda já tratavam do termo de *smart contracts*, muito antes de se imaginar a criação da tecnologia *blockchain*.[59]

A doutrina atribui a criação do termo *smart contract* a Nick Szabo, o qual foi o primeiro a utilizá-lo

---

[58] Samuel Bourque e Sara Fung Ling, por exemplo, afirmam que os *smart contracts* são uma das mais emocionantes tecnologias possibilitadas pela criação da *blockchain*. BOURQUE, Samuel; TSUI, Sara Fung Ling. **A Lawyer's introduction to smart contracts**. Scientia Nobolitat. The Republic of Poland, 2004. Disponível em: https://github.com/joequant/scms/blob/master/doc/pdfs/A%20Lawyer's%20Introduction%20to%20Smart%20Contracts.pdf. p. 5.

[59] RASKIN, Max. **The law and legality of smart contracts**. in: Georgetown Law Technology Review. 2017. V 305. Disponível em https://georgetownlawtechreview.org/wp-content/uploads/2017/05/Raskin-1-GEO.-L.-TECH.-REV.-305-.pdf. P. 306.

em uma série de artigos publicados na década de 1990. [60]Para Nick Szabo, os *smart contracts* seriam um acordo entre as partes, que consistiria em obrigações por elas estipuladas e que seriam automaticamente cumpridas por meio de protocolos de computador.[61]

Foi o próprio Szabo quem primeiro fez a relação entre os *smart contracts* e as máquinas de vendas automáticas. Contudo, conforme Max Raskin, a primeira referência conhecida a uma máquina de vendas automática ocorreu em 215 a.C. em Pneumatika, um livro de um matemático grego. Nesse livro, era detalhada uma máquina que distribuía água benta para que fosse utilizada nos templos. Dessa

---

[60] São dois os principais desses artigos, quais sejam: SZABO, Nick. Formalizing and securing relationships on public networks. Disponível em: https://firstmonday.org/ojs/index.php/fm/article/view/548/469#Building. Esse é o artigo mais utilizado para descrever as características dos *smart contracts* pensados por Nick Szabo. Contudo, o conceito em si de *smart* contract está escrito em SZABO, Nick. **Smart Contracts: Building Blocks for Digital Markets**. 1996. Disponível em: http://www.fon.hum.uva.nl/rob/Courses/InformationInSpeech/CDROM/Literature/LOTwinterschool2006/szabo.best.vwh.net/smart_contracts_2.html.

[61] SZABO, Nick. **Smart Contracts: Building Blocks for Digital Markets**. 1996. Disponível em: http://www.fon.hum.uva.nl/rob/Courses/InformationInSpeech/CDROM/Literature/LOTwinterschool2006/szabo.best.vwh.net/smart_contracts_2.html.

maneira, bastava que o usuário da máquina colocasse uma moeda no local determinado, que a moeda acabava por acionar uma alavanca e, com isso, abria-se uma válvula que liberava a água benta.[62]

O grande problema dessa máquina era a possibilidade de fraude, haja vista que seria possível acionar a alavanca com outro objeto semelhante a uma moeda. Porém, o que mantinha a confiança no funcionamento dessa máquina era o medo de uma punição divina àquele que utilizasse moedas falsas ou outros objetos semelhantes na máquina.[63]

Mais à frente, no século XVII algumas máquinas de venda automática foram utilizadas na Inglaterra. Mais adiante, o vendedor de livros britânico RIchard Carlile inventou uma máquina de distribuição

---

[62] RASKIN, Max. **The law and legality of smart contracts**. in: Georgetown Law Technology Review. 2017. V 305. Disponível em https://georgetownlawtechreview.org/wp-content/uploads/2017/05/Raskin-1-GEO.-L.-TECH.-REV.-305-.pdf. p. 315.

[63] RASKIN, Max. **The law and legality of smart contracts**. in: Georgetown Law Technology Review. 2017. V 305. Disponível em https://georgetownlawtechreview.org/wp-content/uploads/2017/05/Raskin-1-GEO.-L.-TECH.-REV.-305-.pdf. p. 315.

e venda de livros a fim de evitar que fosse processado em virtude das leis de blasfêmia britânicas.[64]

A ideia de Charlile era tornar impossível que a Coroa conseguisse provar quem vendia os materiais de blasfêmia. Charlile embasava sua ideia no argumento de que a compra do material era um contrato entre o comprador e a máquina automática de vendas, ou seja, que ele não tinha qualquer participação no negócio formalmente. Porém, a Coroa não acatou à tese de Charlile, de forma que o mesmo recebeu uma condenação.[65]

Assim, quando se está tratando do conceito de contrato inteligente, é de suma importância que se explique qual a abrangência que se está dando, visto que se corre o risco de abranger outras modalidades de contratos, ou até mesmo de sistemas, que não são

[64] RASKIN, Max. **The law and legality of smart contracts**. in: Georgetown Law Technology Review. 2017. V 305. Disponível em https://georgetownlawtechreview.org/wp-content/uploads/2017/05/Raskin-1-GEO.-L.-TECH.-REV.-305-.pdf. p. 315.

[65] RASKIN, Max. **The law and legality of smart contracts**. in: Georgetown Law Technology Review. 2017. V 305. Disponível em https://georgetownlawtechreview.org/wp-content/uploads/2017/05/Raskin-1-GEO.-L.-TECH.-REV.-305-.pdf. p. 316.

o objeto de estudo deste trabalho, e que sequer seriam estudados na teoria contratual do Direito Privado.[66]

O referido autor Max Raskin aponta, por exemplo, que há uma gama alta de conceitos paralelos de *smart contracts*, e que a maioria foi desenvolvida não para servir ao Direito, mas sim para satisfazer às necessidades acadêmicas dos operadores da informática e da tecnologia da informação.[67] É por isso que, muitas vezes, encontram-se casos de votações eletrônicas, ou, até mesmo, casos de registros de imóveis e registros de direitos autorais sendo tratados como contratos inteligentes, quando, na verdade, não se enquadrariam na natureza jurídica de contrato (que, em capítulo específico, será estudada).

---

[66] A exemplo de conceitos abrangentes de *smart contracts* que não envolvem especificamente os contratos podem ser obtidos no artigo do site Bit 2 me, que considera, por exemplo, que os *smart contracts* seriam propícios a consolidar as eleições do futuro. Ver: Bit 2 me. **Smart contracts, o que são, como funcionam e o que resolvem?**. Disponível em : https://blog.bit2me.com/pt/que-sao-os-smart-contracts/.

[67] RASKIN, Max. **The law and legality of smart contracts**. in: Georgetown Law Technology Review. 2017. V 305. Disponível em https://georgetownlawtechreview.org/wp-content/uploads/2017/05/Raskin-1-GEO.-L.-TECH.-REV.-305-.pdf. P. 309.

Max Raskin ainda afirma que o *smart contract* é composto de dois importantes componentes. O primeiro componente é chamado por ele de *contractware*. Segundo Max Raskin, o *contracware* é o suporte, tanto físico quanto digital, dos termos do contrato. Por exemplo, o *contracware* de um *smart contract* poderia ser o *software* e a máquina onde está sendo processado.[68]

Já o segundo componente seria a rede descentralizada, ou o livro descentralizado, ou seja, a *blockchain* em que esse contrato estaria registrado.[69] Poderia ser feita a seguinte analogia: o *contractware* é o corpo do contrato, enquanto que a *blockchain* é o solo onde ele necessariamente precisa estar para existir.

O *contractware* poderia, segundo Max Raskin, ser até mesmo o corpo de um ser humano.

---

[68] RASKIN, Max. **The law and legality of smart contracts**. in: Georgetown Law Technology Review. 2017. V 305. Disponível em https://georgetownlawtechreview.org/wp-content/uploads/2017/05/Raskin-1-GEO.-L.-TECH.-REV.-305-.pdf. p. 3.

[69] RASKIN, Max. **The law and legality of smart contracts**. in: Georgetown Law Technology Review. 2017. V 305. Disponível em https://georgetownlawtechreview.org/wp-content/uploads/2017/05/Raskin-1-GEO.-L.-TECH.-REV.-305-.pdf. p. 4.

Apesar disso, ressalta que algumas soluções não seriam legais. [70]Afirma:

> "O exemplo final e mais flagrante é o *contractware* instalado em humanos. Embora certamente seja um experimento distópico, vale a pena imaginar um cenário em que os credores possam instalar dispositivos nos corpos de devedores para forçá-los à escravidão ou a alguma outra punição em caso de inadimplência."[71]

Apesar de ser comum a doutrina atribuir a criação do termo *smart contract* a Nick Szabo, profissional da tecnologia da informação que se dedicou ao estudo do Direito a fim de melhor compreender a implicações práticas de seu modelo de

---

[70] RASKIN, Max. **The law and legality of smart contracts**. in: Georgetown Law Technology Review. 2017. V 305. Disponível em https://georgetownlawtechreview.org/wp-content/uploads/2017/05/Raskin-1-GEO.-L.-TECH.-REV.-305-.pdf. p. 339.

[71] RASKIN, Max. **The law and legality of smart contracts**. in: Georgetown Law Technology Review. 2017. V 305. Disponível em https://georgetownlawtechreview.org/wp-content/uploads/2017/05/Raskin-1-GEO.-L.-TECH.-REV.-305-.pdf. p. 339.

contrato,[72] há, ainda certa falta de uniformidade quanto ao seu completo conceito.

Embora a ideia geral do que seria um *smart contract* não seja extremamente disforme, quanto ao conceito é importante demonstrar que não é unânime. A presença ou não da tecnologia *blockchain* é a principal responsável por essa falta de unanimidade. Por esse motivo, passa-se a expor alguns conceitos desenvolvidos pela doutrina para defini-los.

Marcelo Corrales, Paulius Jurcys e George Kousiouris definem *smart contracts* da seguinte forma:

> "*Smart contracts* são protocolos de computador autoexecutáveis e autônomos que facilitam a execução de acordos entre duas ou mais partes. As vantagens dos *smart contracts* são inúmeras. Eles podem fornecer maior segurança no cumprimento contratual do que os contratos tradicionais, bem como reduzem os custos de transação

---

[72] O artigo Bit Gold: Nick Szabo esteve a poucos passos de inventar o Bitcoin, disponível em: https://www.criptofacil.com/bit-gold-nick-szabo-esteve-a-poucos-passos-de-inventar-o-bitcoin, conta um pouco sobre a história de Nick Szabo e como ele resolveu iniciar o estudo do Direito.

associados à negociação, acompanhamento e cumprimento das obrigações assumidas.

[...]

Os smart contracts são codificados de forma que a execução correta seja garantida por meio de *blockchain*." [73]

Os autores supra afirmam também que o objetivo principal dos *smart contracts* consiste em automatizar obrigações, as quais são mantidas em código. Lawrence Lessig afirmou que o "código é lei".[74] Nesse sentido, Lawrence Lessig, ao se referir como o código sendo a lei, explica que se trata do código *software*.[75]

---

[73] CORRALES, Marcelo; JURCYS, Paulius; KOUSIOURIS, George. **Smart contracts and smart disclosure: coding a GDPR compliance framework**. in: Legal Tech, Smart Contracts and Blockchain. Springer, 2019. p 199.

[74] CORRALES, Marcelo; JURCYS, Paulius; KOUSIOURIS, George. **Smart contracts and smart disclosure: coding a GDPR compliance framework**. in: Legal Tech, Smart Contracts and Blockchain. Springer, 2019. p 199. Ainda, acerca da expressão "código é lei", ver LESSIG, Lawrence. **Code**. V. 2.0. Basic Books, New York. 2006. p 283.

[75] LESSIG, Lawrence. **Code**. V. 2.0. Basic Books, New York. 2006. p. 33.

Rory Unsworth diz que o que torna os *smart contracts* distintos de um contrato tradicional é que eles fazem mais do que um contrato tradicional. Dessa maneira, além de estabelecerem direitos e obrigações entre as partes, os *smart contracts* também executam as obrigações.[76]

O referido autor traz o exemplo dos smartphones, dizendo que o que faz com que eles sejam "*smart*" é que eles não realizam apenas as funções básicas de um telefone, receber e fazer chamadas, mas também realizam muito mais. Segundo Unsworth:

> "Um contrato inteligente não é um contrato escrito em papel tradicional, nem é simplesmente um contrato online. É descrito como inteligente porque pode fazer muito mais do que um contrato tradicional e um contrato online, assim como um "*smartphone*" faz muito mais do que apenas chamadas.

---

[76] UNSWORTH, Rory. **Smart contracts this! An assessment of the contractual landscape and the herculean challenges it currently presents for "self-executing" contracts**. in: Legal Tech, Smart Contracts and Blockchain. Springer, 2019. p 32.

O contrato inteligente assume a forma de código de computador em uma tecnologia de registro distribuída e se executa após o recebimento de dados eletrônicos. Ele executa uma ação em *blockchain* da mesma forma que uma fórmula em uma planilha de Excel, de forma a transferir pagamentos ou outros ativos, monitorar níveis de estoque ou exercer outras ações automaticamente, pois foi programado para isso."[77]

Segundo Nicolas Guerreiro, os contratos inteligentes podem ser definidos como um conjunto de cláusulas, escritas em linguagem de programação, que se executam automaticamente conforme os termos contratuais.[78]

---

[77] UNSWORTH, Rory. **Smart contracts this! An assessment of the contractual landscape and the herculean challenges it currently presents for "self-executing" contracts**. in: Legal Tech, Smart Contracts and Blockchain. Springer, 2019. p 32.

[78] GUERREIRO, Nicolas. **Blockchain y algunas de sus aplicaciones**. Artigo publicado em Academia.edu. https://www.academia.edu/30141382/BLOCKCHAIN_Y_ALGUN AS_DE_SUS_APLICACIONES.

Samuel Bourque e Sara Fung Ling Tsui definem *smart contracts*[79] da seguinte forma:

> "[...] um *smart contract* é um contrato de execução automática. A saber, os *smart contracts* são como contratos de papel tradicionais, os quais são redigidos em linguagem humana natural. A única diferença é que os *smart contracts* possuem uma redação mais especial, pois são redigidos eletronicamente em linguagem interpretável por um sistema de computador. O principal efeito disso é que um sistema de computador, ao interpretar um *smart contract*, pode também executar alguns termos do contrato."[80]

---

[79] Samuel Bourque e Sara Fung Ling Tsui fazem uma analogia para a melhor compreensão do conceito. Eles dizem que se pode imaginar o *smart contract* como um servo que possui dois mestres, ou, em uma visão mais moderna, como um administrador. Os dois mestres redigem e assinam um acordo, e o servo é encarregado apenas de executar esse acordo na prática. [79] BOURQUE, Samuel; TSUI, Sara Fung Ling. **A Lawyer's introduction to smart contracts**. Scientia Nobolitat. The Republic of Poland, 2004. P. 6.

[80] BOURQUE, Samuel; TSUI, Sara Fung Ling. **A Lawyer's introduction to smart contracts**. Scientia Nobolitat. The Republic of Poland, 2004. P. 6.

Samuel Bourque e Sara Fung Ling Tsui também ressaltam que se pode afirmar que as principais características dos *smart contracts* são: a) a transparência apresentada nos termos contratuais estabelecidos entre as partes, b) a independência existente nesses contratos entre a execução dos acordos estabelecidos e a necessidade de ação por parte das contratantes, ou seja, a automação do cumprimento das obrigações acordadas entre as partes contratantes. [81] Ou seja, eles não só são independentes das partes, mas também realizam a sua execução de forma automática, de forma que se tornam independentes também de terceiros.

Dessa forma, os contratos inteligentes trazem maior agilidade no cumprimento das obrigações derivadas do contrato, tornando a ação das partes pouco, ou até nada, relevante no que diz respeito ao cumprimento contratual.

Max Raskin conceitua *smart contracts* da seguinte forma:

---

[81] BOURQUE, Samuel; TSUI, Sara Fung Ling. **A Lawyer's introduction to smart contracts**. Scientia Nobolitat. The Republic of Poland, 2004. P. 6.

"*Smart contracts* são definidos como acordos em que a execução é automatizada, geralmente por computadores. Esses contratos são projetados para garantir que sejam executados sem que se tenha que recorrer a tribunais. É a própria automação que garante a execução do contrato."[82]

Já Mark Fenwick e Erik P. M. Vermeulen aderem à ideia de que um *smart contract* é um código programado por computador que permite a verificação, execução e aplicação de termos e condições específicos de um acordo contratual. Citam, como exemplo, o caso da compra de uma música através da plataforma iTunes. Nesse caso, um código de computador, ou seja, um *smart contract*, garante que o

---

[82] RASKIN, Max. **The law and legality of smart contracts**. in: Georgetown Law Technology Review. 2017. V 305. Disponível em https://georgetownlawtechreview.org/wp-content/uploads/2017/05/Raskin-1-GEO.-L.-TECH.-REV.-305-.pdf. p. 2.

comprador seja capaz de executar o arquivo de música para ouvi-la.[83]

Uma questão importante quando se trata do conceito de *smart contracts* reside em determinar se, para que um contrato possa ser considerado um contrato inteligente, ele necessariamente precisa ser elaborado ou estar registrado em uma estrutura de *blockchain*. Em outras palavras, a questão é saber se um contrato autoexecutável que não estivesse inserido em uma *blockchain* poderia, ainda assim, ser chamado de *smart contract*.

Sam Wrigley afirmou que os *smart contracts* receberam muitas definições. Dentre essas definições, algumas exigiam apenas que esses contratos fossem executados de forma automática. Porém, outras definições afirmavam que, para que fosse definido como *smart contract*, deveria o contrato,

---

[83] FENWICK, Mark; VERMEULEN, Erik P. M. **The lawyer of the future as "transaction engineer": digital technologies and the disruption of the legal profession.** in: Legal Tech, Smart Contracts and Blockchain. Springer, 2019. p. 266.

além de ser automatizado, estar registrado em *blockchain*.[84]

Já Stéphano Bruno Santos Divino definiu *smart contract* como:

> "Negócio jurídico unilateral ou bilateral, quase inviolável, imperativo, previamente pactuado escrita ou verbalmente, reduzido à linguagem computacional apropriada (algoritmos) e expresso em um termo digital que representará *ipsis litteris* o anteriormente acordado, armazenado e executado em uma base de banco de dados descentralizado (*Blockchain*), para geri-lo autônoma e automaticamente desde sua formação à sua extinção - incluindo condições, termos, encargos, e eventuais cláusulas de responsabilidade civil – com auxílio de *softwares* e *hardwares*, sem a interferência de terceiros, objetivando à redução de custos de transação e

---

[84] WRIGLEY, Sam. **"When people just click": addressing the difficulties of controller/processor agreements online**. in: Legal Tech, Smart Contracts and Blockchain. Springer, 2019. p. 250.

eventuais despesas judiciais, desde que aplicados princípios jurídicos e econômicos compatíveis com a relação contratual instaurada."[85]

Percebe-se que Stéphano Divino também adotou o registro do contrato em *blockchain* como parte de sua definição. Fica bem evidente a falta de uniformidade no tratamento do registro ou não em *blockchain* para o conceito de *smart contract*.

No mesmo sentido, Alexander Savelyev também entende que o registro dos *smart contracts* em *blockchain* faz parte de sua definição. Segundo Savelyev, não fosse o registro em *blockchain*, algumas formas antigas de contratação com execução automática já teriam feito com que os *smart contracts* não fossem qualquer novidade tecnológica.[86]

---

[85] DIVINO, Sthéfano Bruno Santos. **Smart contracts: conceitos, limitações, aplicabilidade e desafios**. Revista Jurídica Luso-Brasileira, ano 4, 2018, nº 6. Disponível em: http://www.cidp.pt/revistas/rjlb/2018/6/2018_06_2771_2808.pdf. p. 29.

[86] Alexander Savelyev aponta, por exemplo, que já existem muitos sistemas automáticos de negociação para o mercado de câmbio, e que isso não faz com que esses contratos sejam *smart contracts*. Afirma, ainda, que mais de 75% das

Alexander Savelyev diz que estar registrado em *blockchain* para ser considerado um *smart* contract é importante porque, caso não exista esse registro, o smart *contract* não será um contrato que independe das partes para que seja executado. Isso porque, sem o registro em *blockchain*, uma das partes sempre teria a possibilidade de alterar a execução do contrato.[87]

Savelyev exemplifica seu argumento com a própria ideia da máquina automática de vendas. Nesse modelo, ainda que a entrega do produto pela máquina seja realizada de maneira automática após o pagamento realizado pelo comprador, o vendedor mesmo assim possui meios de impedir esse cumprimento, seja, por exemplo, alterando a

---

negociações em bolsa nos Estados Unidos são oriundas de sistemas automáticos de compra e venda, e isso também não faz com que esses sistemas sejam definidos como *smart contracts*. SAVELYEV, Alexander. **Contract Law 2.0: 'Smart' contracts as the beginning of the end of classic contract law. Information and Communications Technology Law**. Vol. 26, n.2, p. 116-134, jan-abr. 2017. Disponível em: http://www.tandfonline.com/doi/full/10.1080/13600834.2017.1301 036. p. 6.

[87] SAVELYEV, Alexander. **Contract Law 2.0: 'Smart' contracts as the beginning of the end of classic contract law**. Information and Communications Technology Law. Vol. 26, n.2, p. 116-134, jan-abr. 2017. Disponível em: http://www.tandfonline.com/doi/full/10.1080/13600834.2017.1301 036. p. 7.

programação da máquina para que a mesma não entregue o produto.[88]

Pode-se extrair, portanto, que Savelyev prioriza o registro em *blockchain* porque seria somente esse registro o que tornaria o contrato executável independente das partes. Qualquer possibilidade de uma das partes controlar ou alterar essa execução já descaracterizaria um *smart contract* como tal.

Já para Sam Wrigley, por exemplo, não é necessário que o contrato esteja registrado em *blockchain* para que possa ser conceituado como um *smart contract*. Wrigley afirma que a definição está na questão da automação, e que não se necessita restringir a o conceito apenas ao conjunto de contratos que tenha seu funcionamento através de uma tecnologia determinada ou específica.[89]

---

[88] SAVELYEV, Alexander. **Contract Law 2.0: 'Smart' contracts as the beginning of the end of classic contract law**. Information and Communications Technology Law. Vol. 26, n.2, p. 116-134, jan-abr. 2017. Disponível em: http://www.tandfonline.com/doi/full/10.1080/13600834.2017.1301036. p. 7.

[89] WRIGLEY, Sam. **"When people just click": addressing the difficulties of controller/processor agreements online**. in: Legal Tech, Smart Contracts and Blockchain. Springer, 2019. p. 250.

A origem dessa questão reside, principalmente, no fato de que Nick Szabo, ao trazer pela primeira vez o conceito de *smart contract*, sequer tinha conhecimento da estrutura *blockchain*. Isso se deve ao fato de que, à época, tal estrutura ainda não existia.

O que Nick Szabo alertava quanto aos *smart contracts* era acerca de serem autoexecutáveis, bem como que eram formados por meio de linguagens de programação. Contudo, não impunha a estrutura *blockchain* para determinação do conceito em si.[90]

Reforça o problema o fato de Nick Szabo trazer, a título exemplificativo do funcionamento de um *smart contract*, as máquinas de vendas. Nesses dispositivos, nenhuma estrutura de *blockchain* é necessária.[91]

---

[90] Ver SZABO, Nick. **Formalizing and securing relationships on public networks**. Disponível em: https://firstmonday.org/ojs/index.php/fm/article/view/548/469#Building.

[91] SZABO, Nick. **Formalizing and securing relationships on public networks**. Disponível em: https://firstmonday.org/ojs/index.php/fm/article/view/548/469#Building.

O problema pode ser enfrentado de mais de uma forma. Primeiramente, é importante considerar o pensamento de Rodrigo Moreira, segundo o qual, embora os contratos inteligentes já existissem conceitualmente, somente com o surgimento da tecnologia de *blockchain* é que puderam, de fato, ser implementados à realidade.[92]

Logo, a questão conceitual acerca de que *smart contracts* são ou não são obrigatoriamente inseridos em uma *blockchain* ainda não está resolvida. Ademais, a doutrina ainda é escassa quanto a isso. O que se pode defender, por hora, é que os *smart contracts* são contratos autoexecutáveis e que possuem linguagens de programação, essas responsáveis exatamente pela autoexecução dos contratos.

Seria possível questionar, ainda, quais seriam as consequências jurídicas em se considerar *smart contracts* apenas aqueles inseridos em uma *blockchain*. Diante desse questionamento, algumas conclusões surgem:

---

[92] MOREIRA, Rodrigo. **Investigação preliminar sobre a natureza e os critérios de interpretação dos smart contracts**. Aguardando publicação.

a) Eventual norma jurídica aplicável aos *smart contracts* somente incidiria naqueles contratos cujo suporte fático estivesse devidamente preenchido, ou seja, somente seriam afetados pela norma os contratos que preenchessem o elemento de existência, qual seja, o de estarem inseridos em uma *blockchain*. Isso, é claro, se a inserção em uma *blockchain* fosse um dos elementos do conceito de um *smart contract*.

b) Caso a inserção do contrato na *blockchain* fosse uma exigência para se conceituar o *smart contract*, os contratos cuja execução fosse automatizada, porém que não estivessem inseridos em *blockchain*, poderiam restar em um limbo, ou seja, ficariam sem regulação jurídica específica caso eventual norma reguladora de *smart contracts* viesse a surgir. Assim, haveria um cenário de lacuna.

c) A própria conceituação de *blockchain* deveria ser reforçada, pois, como se trata de uma criação sem qualquer necessidade de regulamentação, até o momento de escrita do presente, o conceito deve ser claro à doutrina e, além disso, lido à luz da teoria geral dos contratos e de eventuais regras específicas dos contratos típicos.

Quanto à classificação dos *smart contracts*, não há normativa nem sistematização doutrinária pacífica sobre o tema. Em parte, isso ocorre pelo fato de que sequer o conceito de *smart contract* é unânime na doutrina, conforme visto.

Apesar de não haver legislação própria sobre o assunto, não se pode ignorar o que afirmou o professor Cesar Viterbo Matos Santolim acerca da ausência de normatização às novas tecnologias. Segundo o professor Santolim, O fato de existirem novas tecnologias não gera a necessidade de se reconstruir todo o direito.[93]

Stéphano Bruno Santos Divino diz que, em razão da falta de regulação específica acerca dos *smart contracts*, eles receberão o tratamento legal com base nas diretrizes gerais contratuais. Afirma também que, já que não há regulação específica, os *smart contracts* são considerados contratos atípicos, de

---

[93] SANTOLIM, Cesar Viterbo Matos. **Os princípios de proteção do consumidor e o comércio eletrônico no direito brasileiro**. Revista de Direito do Consumidor, v. 55, 2005. p. 55-56.

forma que serão regulados pelas regras pertinentes a esses contratos.[94]

Discorda-se, contudo, do que afirma Stéphano Divino, haja vista que, no presente trabalho, entende-se que os *smart contracts* não são os tipos contratuais em si, mas sim um meio de se contratar. Nesse mesmo sentido, cita-se as palavras de Rodrigo Moreira:

> "[...] o *smart* contract não é um tipo contratual, mas uma forma de contratação realizada por meio de um substituto muito mais sofisticado para o instrumento contratual. O contrato é o acordo de vontades, o que faz toda a diferença em sua interpretação, ainda que o meio seja digital e inteligente."[95]

---

[94] DIVINO, Sthéfano Bruno Santos. **Smart contracts: conceitos, limitações, aplicabilidade e desafios**. Revista Jurídica Luso-Brasileira, ano 4, 2018, n° 6. Disponível em: http://www.cidp.pt/revistas/rjlb/2018/6/2018_06_2771_2808.pdf. p. 31.

[95] MOREIRA, Rodrigo. **Investigação preliminar sobre a natureza e os critérios de interpretação dos *smart contracts***. Aguardando publicação.

O professor Santolim ainda afirma que, diante da impossibilidade de se regular de forma específica cada uma das tecnologias que surgem, o importante é pensar quais princípios são aplicáveis à nova tecnologia, bem como buscar fazer a regulação com base nos princípios. Isso porque, conforme destaca o professor, no momento em que finalmente uma regulação específica estivesse pronta, a tecnologia regulada por ela já estaria ultrapassada.[96]

Alexander Savelyev traça um paralelo histórico acerca da forma de redação dos contratos desde as economias agrárias até os *smart contracts*. Segundo Savelyev, as economias agrárias eram fortemente caracterizadas por celebrarem contratos de forma que cada contrato fosse acordado individualmente entre as partes. Dessa maneira, as partes negociavam todos os seus termos.[97]

---

[96] SANTOLIM, Cesar Viterbo Matos. **Os princípios de proteção do consumidor e o comércio eletrônico no direito brasileiro**. Revista de Direito do Consumidor, v. 55, 2005. p. 56.

[97] SAVELYEV, Alexander. **Contract Law 2.0: 'Smart' contracts as the beginning of the end of classic contract law**. Information and Communications Technology Law. Vol. 26, n.2, p. 116-134, jan-abr. 2017. Disponível em: http://www.tandfonline.com/doi/full/10.1080/13600834.2017.1301036. p. 6.

Após, com o surgimento e crescimento da sociedade industrial, os contratos passaram a ser celebrados de maneira que trouxesse maior praticidade às partes. Dessa forma, optou-se pela celebração de contratos que contivessem termos padronizados.[98]

Essa forma de padronização na redação dos contratos permitiu que houvesse menor envolvimento humano no que dizia respeito à negociação dos termos contratuais. Isso fez com que os custos de transação diminuíssem.[99]

Com o surgimento dos *smart contracts*, Alexander Savelyev entende que a sociedade da informação conseguiu avançar ainda mais. Segundo ele, na era da sociedade da informação, foi possível

---

[98] SAVELYEV, Alexander. **Contract Law 2.0: 'Smart' contracts as the beginning of the end of classic contract law**. Information and Communications Technology Law. Vol. 26, n.2, p. 116-134, jan-abr. 2017. Disponível em: http://www.tandfonline.com/doi/full/10.1080/13600834.2017.1301036. p. 6.

[99] SAVELYEV, Alexander. **Contract Law 2.0: 'Smart' contracts as the beginning of the end of classic contract law**. Information and Communications Technology Law. Vol. 26, n.2, p. 116-134, jan-abr. 2017. Disponível em: http://www.tandfonline.com/doi/full/10.1080/13600834.2017.1301036. p. 6.

não apenas minimizar o envolvimento humano decorrente da negociação das cláusulas contratuais, mas também foi possível minimizar o envolvimento humano no próprio cumprimento dos contratos.[100]

Nesta dissertação, buscou-se reunir alguns conceitos de *smart contracts* trazidos pela doutrina, bem como determinadas classificações criadas de forma esparsa, a fim de construir um conceito e, consequentemente, as classificações cujos *smart contracts* podem ser pertencentes.

Extraiu-se que cada *smart contract* pode pertencer a uma ou mais classificações. Por exemplo, se o contrato executa-se sozinho em todos os aspectos ou se alguma ação humana é necessária, isso colocará esse contrato em uma classe ou outra, a depender de suas características.

Passa-se a elencar possíveis classificações que podem ser dadas aos *smart contracts*. Para tanto, é importante frisar que essas não esgotam todas as

---

[100] SAVELYEV, Alexander. **Contract Law 2.0: 'Smart' contracts as the beginning of the end of classic contract law**. Information and Communications Technology Law. Vol. 26, n.2, p. 116-134, jan-abr. 2017. Disponível em: http://www.tandfonline.com/doi/full/10.1080/13600834.2017.1301 036. p. 6.

outras classificações possíveis, bem como não possuem a finalidade de engessar o estudo desses contratos a meras classes.

A importância de classificar um *smart contract* está em viabilizar seu estudo dentro de características específicas do grupo ao qual pertence. Com isso, há maior possibilidade de elucidar problemas jurídicos que envolvam o grupo, já que seria possível antever algumas consequências jurídicas próprias de cada um deles.

A primeira classificação possível é dividir os tipos de *smart contracts* em dois: *smart contracts* em sentido amplo e *smart contracts* em sentido estrito. Essa divisão está relacionada ao caráter contratual ou não do *smart contract*.[101]

Nos *smart contracts* em sentido amplo, encontra-se toda a gama de programas com cláusulas

---

[101] Max Raskin ressalta que há muitos conceitos de *smart contracts* advindos de estudos de tecnologia da afirmação, o que pode dar à nomenclatura "contrato" um sentido diverso que sentido que contrato representa ao Direito. RASKIN, Max. **The law and legality of smart contracts**. in: Georgetown Law Technology Review. 2017. V 305. Disponível em https://georgetownlawtechreview.org/wp-content/uploads/2017/05/Raskin-1-GEO.-L.-TECH.-REV.-305-.pdf. p 309.

autoexecutáveis, independentemente se o que está sendo chamado de *smart contract* de fato é um contrato. Dessa forma, programas de execução automática que envolvam votações em *blockchain*, por exemplo, podem ser chamados de *smart contracts*, porém em sentido amplo, haja vista que não possuem caráter contratual. O mesmo pode ser dito em relação a registros de propriedade e registro de direitos autorais.[102]

Conforme já observado, o fato de a nomenclatura "*smart contract*" ter surgido de estudos de tecnologia da informação pode ter gerado a confusão com o termo "*contract*", sendo inseridos no conceito não apenas o que realmente é um contrato, mas todas as demais situações apontadas.

Já os *smart contracts* em sentido estrito são aqueles que, além de possuírem programação para execução automática, ainda são juridicamente considerados contratos. Aliás, é acerca dos *smart*

---

[102] Don Tapscott e Alex Tapscott trazem muitos exemplos de aplicação em que não se caracterizaria a formação de negócio jurídico entre as partes, mas ainda assim ocorrem automatizações na *blockchain*. TAPSCOTT, Don; Tapscott, Alex. **Blockchain revolution. Como a tecnologia por trás do bitcoin está mudando o dinheiro, os negócios e o mundo**. Senai-SP, São Paulo: 2017.

contracts em sentido estrito que trata a maior parte desta dissertação.

Dentro da classificação *smart contracts* em sentido estrito, traremos as demais classificações. Contudo, isso não significa que os *smart contracts* em sentido amplo não contenham também agrupamentos próprios de acordo com suas características. Também não significa que as classificações sugeridas para *smart contracts* em sentido estrito também não caibam a todos os *smart contracts*.

A escolha desta dissertação foi a de focar nos *smart contracts* em sentido estrito, ou seja, aqueles que são contratos. Mais adiante, será demonstrado o motivo pelo qual os *smart contracts* em sentido estrito são, de fato, qualificados como contratos. Assim, segue-se a exposição das demais classificações.[103]

A segunda classificação possível é dividir os *smart contracts* em fortes e fracos. Diz respeito ao grau

---

[103] Frise-se que a própria definição de contrato também será estudada no presente trabalho, haja vista a necessidade de demonstrar que existe acordo de vontades na celebração de *smart contracts*.

de dificuldade para alterar o contrato considerando a tecnologia em que é inserido.[104]

Os *smart contracts* fortes são aqueles cuja alteração é bastante difícil, ou até mesmo impossível. Isso ocorre quando a programação utilizada para sua criação é fechada, ou seja, impossibilita que as partes criem novas codificações e, consequentemente, alterem o contrato.[105]

Já os *smart contracts* fracos são aqueles cuja facilidade de alteração é maior. Os *smart contracts* poderiam conter, em seu código, abertura para eventuais alterações. Quando essa abertura é maior, de forma a tornar o procedimento de alteração mais simples para as partes, está-se falando de um *smart contract* fraco.[106]

---

[104] Max Raskin trata acerca do tema, dividindo os *smart contract*s em "strong" e "weak". RASKIN, Max. **The law and legality of smart contracts**. in: Georgetown Law Technology Review. 2017. V 305. Disponível em https://georgetownlawtechreview.org/wp-content/uploads/2017/05/Raskin-1-GEO.-L.-TECH.-REV.-305-.pdf. p. 310.

[105] Raskin, Max. The law and legality of smart contracts. in Georgetown Law Technology Review. 2017. V 305. p. 310.

[106] RASKIN, Max. **The law and legality of smart contracts**. in: Georgetown Law Technology Review. 2017. V 305.

Max Raskin também ressalta que a dificuldade de alteração/modificação também precisa ser vista sob o ponto de vista de terceiros que não sejam as partes contratantes, tais como juízes. Nesse sentido, Max Raskin afirma:

> "Contratos inteligentes e fortes têm altos obstáculos para revogação e modificação, enquanto contratos inteligentes fracos não. Isso significa que, se um tribunal puder alterar um contrato após ter sido executado com relativa facilidade, será definido como um contrato inteligente fraco. Se houver algum grande custo para alterar o contrato de uma maneira que não faria sentido para um tribunal fazer isso, o contrato será definido como forte.
>
> [...]
>
> Um exemplo de contrato inteligente fraco seria uma transferência de dinheiro facilmente desfeita entre duas grandes instituições financeiras em que

---

Disponível em https://georgetownlawtechreview.org/wp-content/uploads/2017/05/Raskin-1-GEO.-L.-TECH.-REV.-305-.pdf. p 310.

um tribunal poderia simplesmente ordenar o desfazimento da transferência ou ele mesmo modificar o contrato se necessário."[107]

Contratos celebrados por meio de *smart contracts* em que as partes desejassem poder alterar fácil e rapidamente a quantidade de estoque, bem como o prazo, por exemplo, seriam considerados *smart contracts* fracos.

A terceira classificação é a que divide os *smart contracts* em puros e mistos. Essa divisão diz respeito à linguagem utilizada na escrita do contrato.[108]

Os *smart contracts* puros são aqueles em que o contrato como um todo está escrito em código de

---

[107] RASKIN, Max. **The law and legality of smart contracts**. in: Georgetown Law Technology Review. 2017. V 305. Disponível em https://georgetownlawtechreview.org/wp-content/uploads/2017/05/Raskin-1-GEO.-L.-TECH.-REV.-305-.pdf. p 310.

[108] Nomenclatura trazida a partir dos apontamentos de Rory Unsworth acerca da possibilidade de misturar a linguagem humana e a de computador no contrato. UNSWORTH, Rory. **Smart contracts this! An assessment of the contractual landscape and the herculean challenges it currently presents for "self-executing" contracts**. in: Legal Tech, Smart Contracts and Blockchain. Springer, 2019. p 35.

computador, cujas cláusulas são executadas e interpretadas pelo próprio sistema.

Já os *smart contracts* mistos são aqueles que misturam a linguagem computacional com a linguagem humana, fornecendo informações que não serão necessariamente executadas pelo sistema, mas que constituem parte do contrato.[109]

Os *smart contracts* mistos permitem a junção de um contrato tradicional escrito com a linguagem de programação que realize execução automática. [110] Dessa forma, é possível às partes inserirem considerandos nos contratos a fim de auxiliar eventual interpretação que deva ser dada de forma não autoexecutória, ou seja, poderão auxiliar naquilo em que o *smart contract* não está programado para autoexecução.

---

[109] UNSWORTH, Rory. **Smart contracts this! An assessment of the contractual landscape and the herculean challenges it currently presents for "self-executing" contracts**. in: Legal Tech, Smart Contracts and Blockchain. Springer, 2019. p 35.

[110] CORRALES, Marcelo; FENWICK, Mark; HAAPIO, Helena. **Digital Technologies, Legal Design and the Future of the Legal Profession**. in: Legal Tech, Smart Contracts and Blockchain. Springer, 2019. p. 8.

Os *smart contracts* mistos ainda possibilitam a melhor visualização de um contrato aos operadores do direito, visto que a totalidade do contrato em linguagem computacional pode dificultar o entendimento das partes leigas em programação.

Marcelo Corrales, Mark Fenwick e Helena Haapio afirmam que:

> "Com a ajuda do código, é possível criar contratos que tenham uma interface melhor para humanos, mas que também consigam ser lidos por máquinas. Esses contratos se chamam contratos *wise contracts*."[111]

---

[111] Os referidos autores trazem, para esses contratos, uma denominação chamada wise *contracts* (contratos sábios, em tradução livre), que seriam os *smart contracts* em um grau mais elevado. Defendem a importância da possibilidade de mesclar tanto a linguagem humana quanto a linguagem de máquina, haja vista as possibilidades que essa mesclagem é capaz de gerar. CORRALES, Marcelo; FENWICK, Mark; HAAPIO, Helena. **Digital Technologies, Legal Design and the Future of the Legal Profession**. in: Legal Tech, Smart Contracts and Blockchain. Springer, 2019. p. 8.

O pseudocódigo, que será visto adiante, pode ser considerado um *smart contract* misto.[112]

A quarta classificação é a que divide os *smart contracts* em autônomos e híbridos. A divisão é referente à necessidade, ou não, de intervenção humana na execução do contrato.

Os *smart contracts* autônomos são aqueles cuja execução independe de qualquer ação humana. Frise-se que a autoexecução é característica inerente a qualquer *smart contract*. Porém, os *smart contracts* autônomos, além de se autoexecutarem, não dependem de qualquer ação humana em conjunto para que realizem a execução.[113]

---

[112] O pseudocódigo será analisado adiante. Por ora, basta referir que seria um conceito intermediário entre o contrato escrito em linguagem humana e o contrato totalmente escrito em linguagem de programação, identificável e executável por computador. CORRALES, Marcelo; JURCYS, Paulius; KOUSIOURIS, George. **Smart contracts and smart disclosure: coding a GDPR compliance framework**. in: Legal Tech, Smart Contracts and Blockchain. Springer, 2019.

[113] Max Raskin ressalta que uma das características gerais dos *smart contracts* é exatamente essa independência da interferência de terceiros. RASKIN, Max. **The law and legality of smart contracts**. in: Georgetown Law Technology Review. 2017. V 305. Disponível em https://georgetownlawtechreview.org/wp-content/uploads/2017/05/Raskin-1-GEO.-L.-TECH.-REV.-305-.pdf. p. 335.

Já os *smart contracts* híbridos são aqueles que necessitam de um auxílio humano para a completa execução. Ou seja, parte da execução ocorre de forma automática, e parte ocorre por ação humana. Rory Unsworth afirma que o modelo híbrido possui duas importantes características, a saber: a) O fato de a intervenção humana ser relevante ao *smart contract* híbrido mostra que a linguagem humana continua sendo importante, mesmo quando se está falando de *smart contracts*; b) permitir a integração entre a intervenção humana e a execução direta pelo sistema de computador ajuda a elevar os níveis de aplicação de *smart contracts*.[114]

Alexander Savelyev aceita a ideia de que os *smart contracts*, ainda que tenham seu cumprimento realizado de forma automatizada, possam ser criados de forma que sejam independentes de ação humana,

---

[114] UNSWORTH, Rory. **Smart contracts this! An assessment of the contractual landscape and the herculean challenges it currently presents for "self-executing" contracts**. in: Legal Tech, Smart Contracts and Blockchain. Springer, 2019. p 35.

mas também de forma em que a ação humana seria reduzida.[115]

Contudo, Rory Unsworth alerta também que a integração entre ação humana e ação de máquina somente seria benéfica se os dois mecanismos trabalhassem de maneira harmônica e se houvesse, no contrato, a previsão da ação a ser tomada na hipótese em que a intervenção humana atuasse em sentido contrário à atuação do sistema de computador ou vice-versa.[116]

A quinta classificação divide os *smart contracts* em finais e instrumentais. Essa classificação diz respeito à natureza principal ou acessória da

---

[115] SAVELYEV, Alexander. **Contract Law 2.0: 'Smart' contracts as the beginning of the end of classic contract law**. Information and Communications Technology Law. Vol. 26, n.2, p. 116-134, jan-abr. 2017. Disponível em: http://www.tandfonline.com/doi/full/10.1080/13600834.2017.1301 036. p. 5.

[116] UNSWORTH, Rory. **Smart contracts this! An assessment of the contractual landscape and the herculean challenges it currently presents for "self-executing" contracts**. in: Legal Tech, Smart Contracts and Blockchain. Springer, 2019. p. 35.

obrigação que estará sendo executada pelo contrato.[117]

Smart contracts finais são aqueles contratos em que a obrigação principal do contrato é executada. Ou seja, seria possível que, em razão do contrato, houvesse outras obrigações a serem executadas pelas partes, porém a obrigação principal seria executada de forma automática pelo *smart contract*.

Para entender o significado dessa classificação, é importante entender o que é obrigação principal, pois o nome pode gerar dúvidas. Segundo Clóvis do Couto e Silva, "as obrigações principais são de dar, restituir, fazer e não fazer. O nosso Código Civil fundamenta seu sistema com base nessas obrigações principais. A distinção provém do direito romano."[118]

Clóvis do Couto e Silva ressalta que as obrigações aparecem no mundo jurídico também relacionadas aos deveres anexos, formando, conforme denomina, uma "complexidade especial". Em razão

---

[117] Embora o presente estudo não tenha localizado qualquer menção a esse tipo de divisão, considera importante fazê-lo.

[118] COUTO E SILVA, Clóvis V. do. **Obrigação Como Processo**, a. FGV Editora, 2006. p. 84-85.

disso, muitas vezes é comum haver dúvidas acerca de qual é a obrigação principal, e para sanar a dúvida é preciso verificar qual é a atividade fundamental ao cumprimento da obrigação.[119]

No mesmo sentido da visão da obrigação como processo, Bruno Miragem aponta que é preciso compreender o fenômeno obrigacional a partir de uma dinâmica social e jurídica. Afirma que, de uma mesma relação jurídica, resulta créditos para uma parte e débitos para outra, e vice -versa.[120] Frisa, também nesse sentido, que o adimplemento ou o inadimplemento das obrigações pode resultar não apenas do descumprimento da obrigação principal, mas também do descumprimento dos deveres secundários laterais e anexos.[121]

São consideradas obrigações principais aquelas que sejam a razão de existência de determinado contrato. Ademais, as obrigações principais podem ser perfeitas ou imperfeitas, a

---

[119] COUTO E SILVA, Clóvis V. do. **Obrigação Como Processo**, a. FGV Editora, 2006. p. 86.

[120] MIRAGEM, Bruno. **Direito Civil–Direito das Obrigações**. Editora Saraiva, 2018. p. 70-71.

[121] MIRAGEM, Bruno. **Direito Civil–Direito das Obrigações**. Editora Saraiva, 2018. p. 71.

depender da existência ou não de ação e/ou pretensão.[122]

Pode ser exemplo dessa espécie aquele *smart contract* cuja obrigação principal de uma das partes é o pagamento de quantia em criptomoedas. Assim, caso esse pagamento seja realizado automaticamente pelo código de programação do contrato, ele será considerado um *smart contract* final.

Porém, caso o *smart contract* esteja programado para notificar automaticamente o devedor acerca da mora, porém não atue de forma a executar qualquer obrigação principal, ele será classificado como *smart contract* instrumental, ainda que, no contrato como um tudo, existam as demais obrigações a serem cumpridas por outro meio.

Rory Unsworth traz um exemplo do que poderia ser chamado de *smart contract* instrumental de

---

[122] Nesse sentido, Clóvis do Couto e Silva afirma que as obrigações principais dividem-se quanto à sua eficácia. Assim, são chamadas de obrigações perfeitas aquelas dotadas de pretenção e ação, bem como de imperfeitas aquelas que apresentam a ausência de ação e/ou pretensão. Frisa, contudo, que a obrigação de fazer apresenta característica distinta, haja vista que não pode ser executada de forma direta. COUTO E SILVA, Clóvis V. do. **Obrigação Como Processo**, a. FGV Editora, 2006. p 86-87.

acordo com a classificação exposta. Seria o caso da entrega de um livro.[123]

No exemplo de Rory Unsworth, um *smart contract* regularia a relação contratual da compra de um livro. Ainda, o livro seria enviado pelo vendedor. Ocorre que, no exemplo, não houve a entrega do livro que foi encomendado pelo comprador.[124]

Nesse cenário, Rory Unsworth destaca que, caso se estivesse tratando de um contrato online comum, caberia ao comprador acionar o vendedor por meio de um endereço eletrônico previamente combinado entre eles para reaver os valores que pagou. Por outro lado, caberia ao vendedor verificar o ocorrido e devolver o pagamento feito pelo comprador.[125]

---

[123] UNSWORTH, Rory. **Smart contracts this! An assessment of the contractual landscape and the herculean challenges it currently presents for "self-executing" contracts**. in: Legal Tech, Smart Contracts and Blockchain. Springer, 2019. p 33.

[124] UNSWORTH, Rory. **Smart contracts this! An assessment of the contractual landscape and the herculean challenges it currently presents for "self-executing" contracts**. in: Legal Tech, Smart Contracts and Blockchain. Springer, 2019. p 33.

[125] UNSWORTH, Rory. **Smart contracts this! An assessment of the contractual landscape and the herculean**

Contudo, como não se está falando de um contrato online comum, mas sim de um *smart contract*, ele vai além: não apenas define o próximo passo a ser tomado, mas o executa. Dessa forma, a execução seria reaver automaticamente o valor pago pelo comprador, devolvendo a ele. Para tanto, o próprio valor estaria registrado em uma *blockchain*, de forma que o *smart contract* teria acesso a ele e conseguiria devolver ao comprador. Ainda, o *smart contract*, geraria, automaticamente, uma penalidade ao vendedor por sua inadimplência.[126]

Percebe-se, no exemplo, que a execução automática não está na entrega em si, pois essa é feita pelo vendedor, mas sim nas consequências a serem tomadas no caso da inadimplência, tal como a punição a ser gerada ao vendedor. Essa punição poderia ser, por exemplo, uma queda de pontuação em sua reputação perante os demais compradores.

---

challenges it currently presents for "self-executing" contracts. in: Legal Tech, Smart Contracts and Blockchain. Springer, 2019. p 33.

[126] UNSWORTH, Rory. **Smart contracts this! An assessment of the contractual landscape and the herculean challenges it currently presents for "self-executing" contracts**. in: Legal Tech, Smart Contracts and Blockchain. Springer, 2019. p 33.

A sexta classificação divide os *smart contracts* em transparentes e unilaterais. Essa divisão se deve ao fato de que alguns autores não consideram que o contrato deva estar registrado em *blockchain* para que seja considerado um *smart contract*, enquanto outros entendem que esse registro faz parte do próprio conceito.[127]

Por isso, a classificação serve como meio para dividir os *smart contracts* que são registrados em *blockchain* daqueles que não são. Assim, são considerados *smart contracts* transparentes aqueles que são contratos registrados em *blockchain*.

A denominação "transparente" diz respeito a que o contrato possui seu código de programação público e inaltarável por apenas uma das partes, haja vista que seu registro em blockchain impede que a má-fé de uma das partes venha a realizar alterações na execução do contrato.

A título de exemplificação de um *smart contract* transparente, tem-se o exemplo apontado por

---

[127] Conforme foi visto, não é unânime na doutrina a necessidade ou não de o contrato estar registrado em uma *blockchain* para ser chamado de *smart contract*.

Max Raskin, qual seja, o de interruptores de partida. Max Raskin traz o caso de interruptores que são colocados em veículos alienados fiduciariamente de forma que, na hipótese em que o devedor não pagar o credor, este consegue, de maneira automática, fazer com que o veículo seja impossibilitado de se deslocar.[128]

Nesse exemplo, os dados acerca do pagamento ou da falta do pagamento, bem como eventuais outros dados importantes à relação contratual entre as partes são registrados em *blockchain*, de forma que não seria possível ao credor alterar, de forma unilateral, esses dados. Por outro lado, caso esses dados fossem armazenados em um sistema controlado exclusivamente pelo credor, ele poderia fazer alterações nesses dados a seu favor e, com isso, poderia acionar o interruptor de partida. Esse

---

[128] RASKIN, Max. **The law and legality of smart contracts**. in: Georgetown Law Technology Review. 2017. V 305. Disponível em https://georgetownlawtechreview.org/wp-content/uploads/2017/05/Raskin-1-GEO.-L.-TECH.-REV.-305-.pdf. p 333.

é um exemplo da transparência trazida pelos *smart contracts* registrados em uma *blockchain*.[129]

Já os *smart contracts* unilaterais são aqueles que não são registrados em *blockchain*. Por esse motivo, já que estão escritos em um ambiente controlado ou controlável por apenas uma das partes, esses contratos abrem margem para que uma delas realize alteração na execução do contrato.[130]

O *smart contract* caracterizado como unilateral não significa necessariamente que seria inseguro. Contudo, uma das características principais dos *smart contracts* é que as partes não necessitam depositar confiança uma na outra quanto à execução do contrato, ou, pelo menos, há um grau extremamente reduzido da necessidade de depositar confiança. Sendo assim, se o contrato está registrado em um

---

[129] RASKIN, Max. **The law and legality of smart contracts**. in: Georgetown Law Technology Review. 2017. V 305. Disponível em https://georgetownlawtechreview.org/wp-content/uploads/2017/05/Raskin-1-GEO.-L.-TECH.-REV.-305-.pdf. p. 333.

[130] Como no próprio exemplo acima, se o contrato, embora tivesse previsões de execução automática, não estivesse registrado em uma *blockchain*, mas sim em um ambiente controlado pelo credor, esse contrato não geraria a mesma confiança ao devedor, haja vista que o credor teria meios de alterar a execução do contrato e acionar o interruptor de partida.

ambiente controlado(ável) por apenas uma das partes, o grau de confiança que a outra precisará depositar será maior, haja vista que aquela que detém o código do contrato poderia, em tese, modificar unilateralmente a execução do contrato.

Na hipótese de se considerar uma máquina de vendas um *smart contract*, ela seria classificada como *smart contract* unilateral, haja vista que seu possuidor teria condições de alterar a programação da máquina sem que o comprador do produto percebesse.

A sétima classificação é a que divide os *smart contracts* em fixos e automodificáveis. Essa divisão diz respeito à possibilidade de captação de dados externos que os *smart contracts* tenham, ou não, de forma a alterar a própria execução do contrato com base nesses novos dados.[131]

Os *smart contracts* fixos são aqueles que executam exatamente aquilo que foram programados

---

[131] Conceito inspirado no apontamento feito por Max Raskin acerca da possibilidade de os *smart contracts* alterarem a si mesmos para se adaptarem a novos parâmetros legais. RASKIN, Max. **The law and legality of smart contracts**. in: Georgetown Law Technology Review. 2017. V 305. Disponível em https://georgetownlawtechreview.org/wp-content/uploads/2017/05/Raskin-1-GEO.-L.-TECH.-REV.-305-.pdf. p. 327.

a executar, sem qualquer modificação em relação a situações externas que poderiam alterar essa execução.

Já os *smart contracts* automodificáveis são aqueles que captam dados da *blockchain* em que estão inseridos e, com base nas novas informações que o alimentaram, modificam a sua execução. Por exemplo, um *smart contract* que obtem um novo dado referente à mudança de endereço da carteira de criptomoedas do devedor e, então direciona o pagamento para esse novo endereço, ignorando o antigo, será considerado um *smart contract* automodificável.

Outro exemplo de *smart contract* automodificável poderia ser apontado por Alexander Savelyev quanto ao contrato de seguro redigido na forma de um *smart contract*. Segundo Savelyev, esse *smart contract* regularia a relação contratual de seguro de danos entre a seguradora e determinado grupo de agricultores. Nesse caso, o *smart contract* captaria os dados referentes à ocorrência ou não de danos e, caso fosse constatado que houve de fato algum dano, pagaria automaticamente o valor da indenização aos segurados.[132]

Max Raskin exemplifica o que se chamaria de *smart contract* automodificável o exemplo de um contrato celebrado entre as partes, em que o prazo para que o devedor fosse considerado constituído em mora seria de 30 dias. Contudo, uma legislação hipotética vem a alterar esse prazo de 30 dias para 90 dias e, no exemplo, supõe-se que essa nova legislação teria de ser aplicada ao *smart contract*. Nessa hipótese, o próprio *smart contract* poderia ser programado para modificar-se a partir de eventual nova lei que surgisse e se adequar a ela, de forma a modificar o prazo anteriormente estabelecido para que passasse a ser de 90 dias.[133]

---

[132] SAVELYEV, Alexander. **Contract Law 2.0: 'Smart' contracts as the beginning of the end of classic contract law**. Information and Communications Technology Law. Vol. 26, n.2, p. 116-134, jan-abr. 2017. Disponível em: http://www.tandfonline.com/doi/full/10.1080/13600834.2017.1301036. p. 8.

[133] RASKIN, Max. **The law and legality of smart contracts**. in: Georgetown Law Technology Review. 2017. V 305. Disponível em https://georgetownlawtechreview.org/wp-content/uploads/2017/05/Raskin-1-GEO.-L.-TECH.-REV.-305-.pdf. p. 327.

É claro que programar um *smart contract* de forma que ele consiga se atualizar-se automaticamente conforme as novas legislações que passam a surgir não é uma tarefa fácil. Nesse sentido, Marcelo Corrales, Paulius Jurcys e George Kousiouris alertam que um dos principais desafios a ser enfrentado pelos *smart contracts* será traduzir as leis em um código digital.[134]

Com o avanço da tecnologia, muitos dados passarão a ser registrados em *blockchain* e servirão de base para que os *smart contracts* assimilem novas informações e, com isso, automaticamente modifiquem automaticamente a sua execução. Podem ser exemplos de dados a serem registrados em *blockchain* informações acerca da alta de determinada ação na bolsa de valores, a eleição de determinado presidente, a decretação de falência de determinada sociedade, entre outros.[135]

---

[134] CORRALES, Marcelo; JURCYS, Paulius; KOUSIOURIS, George. **Smart contracts and smart disclosure: coding a GDPR compliance framework**. in: Legal Tech, Smart Contracts and Blockchain. Springer, 2019. p. 189.

[135] Quanto ao exemplo da decretação de falência, Max Raskin ainda traz o exemplo de um julgamento que entendeu que o uso dos interruptores de partida eram legítimos, desde que

A última classificação é aquela que divide os *smart contracts* em simples e complexos. A divisão faz-se em razão de componentes de inteligência artificial que o contrato possua ou não.[136]

São considerados simples aqueles *smart contracts* que não são munidos de inteligência artificial em sua programação.

Já aqueles contratos que contenham, em sua programação, componentes de inteligência artificial serão considerados *smart contracts* complexos. Estima-se que, com o avanço tecnológico,

---

não violassem a lei. No caso julgado, a utilização do interruptor ia contra o código de falências, e, por esse motivo, o tribunal entendeu não ser uma utilização legítima. RASKIN, Max. **The law and legality of smart contracts**. in: Georgetown Law Technology Review. 2017. V 305. Disponível em https://georgetownlawtechreview.org/wp-content/uploads/2017/05/Raskin-1-GEO.-L.-TECH.-REV.-305-.pdf. p. 332. Porém, se o *smart contract* estivesse programado, por exemplo, para, a partir da decretação de falência, alterar sua programação para que ficasse de acordo com a legislação aplicável, o problema poderia ser menor.

[136] Rory Unsworth afirma que a inteligência artificial se aplica bem aos *smart contracts*, embora ainda haja obstáculos a serem superados. UNSWORTH, Rory. **Smart contracts this! An assessment of the contractual landscape and the herculean challenges it currently presents for "self-executing" contracts**. in: Legal Tech, Smart Contracts and Blockchain. Springer, 2019. p. 70.

a inteligência artificial seja bastante utilizada em conjunto aos *smart contracts*.[137]

A inteligência artificial ainda não está totalmente consolidada no ambiente jurídico. Isso se deve a vários fatores, entre eles a própria falta de conhecimento pelos operadores do Direito. Richard Susskind[138] comenta que a inteligência artificial se aplicará bem ao Direito. Além disso, mais

---

[137] O professor Oksandro Gonçalves, da Pontifícia Universidade Católica do Paraná, referiu-se aos *smart contracts* como não sendo tão inteligentes, tendo em vista que eles apenas executam aquilo que foram programados a executar. Porém, afirmou que com a combinação dos *smart contracts* à inteligência artificial, as possibilidades passariam a ser maiores. Citou, como exemplo, a geladeira com inteligência artificial, que combina o uso de *smart contracts* a sensores que percebem o estoque no interior da geladeira, podendo, em caso de necessidade contratar o fornecimento de novas mercadorias. GONÇALVES, Oksandro. **Smart Contracts**. Palestra proferida no evento Direito, Tecnologia e Empreendedorismo, no dia 27 de agosto de 2019, no auditório da PUCRS.

[138] Conforme Richard Susskind, o primeiro obstáculo à implementação da inteligência artificial no Direito é a falta de engenheiros de conhecimento que tenham especialidade tanto em Direito quanto em ciências de tecnologia da informação. Referência feita por Rory Unsworth acerca da obra Susskind, Richard (1990) Artificial intelligence, expert systems and law. Denning Law J 5(1):105–116. UNSWORTH, Rory. **Smart contracts this! An assessment of the contractual landscape and the herculean challenges it currently presents for "self-executing" contracts**. in: Legal Tech, Smart Contracts and Blockchain. Springer, 2019. p. 70.

especificamente, a inteligência artificial se adequará muito bem aos *smart contracts*.[139]

Ivar Timmer lembra, nesse contexto, uma piada famosa no ambiente da tecnologia da informação, qual seja, "as coisas são chamadas de inteligência artificial até que o *software* comece a funcionar. Ivar Timmer explica que os estudos em informática jurídica iniciaram por volta da década de 1980, em que houve o surgimento da ciência da computação, o que estimulou a criação de grupos de pesquisa na área também do Direito.[140]

Normalmente, os *smart contracts* são criados em uma *blockchain* específica chamada de Ethereum. Isso se deve ao fato de que, nessa plataforma há maior abertura para a programação de consequências, bem como de definição das

---

[139] UNSWORTH, Rory. **Smart contracts this! An assessment of the contractual landscape and the herculean challenges it currently presents for "self-executing" contracts**. in: Legal Tech, Smart Contracts and Blockchain. Springer, 2019. p. 70.

[140] TIMMER, Ivar. **Contract automation: experiences from dutch legal practice**. in: Legal Tech, Smart Contracts and Blockchain. Springer, 2019.

condições.[141] Assim, tendo em vista a maior liberdade de criação que a Ethereum oferece, há muitas empresas desenvolvendo contratos inteligentes nessa plataforma.

Nesse sentido, Stéphano Bruno Santos Divino também ressalta que a *Ethereum*, que também é chamada a criptomoeda dessa *blockchain*, foi desenvolvida para que fosse utilizada em *smart contracts*.[142]

Contudo, a própria *blockchain* do *bitcoin* também permite a criação de *smart contracts*. Ocorre que, tendo em vista ser mais simples, acaba sendo menos utilizada, principalmente em razão dos riscos de privacidade e de segurança, pois na origem, a

---

[141] **Ethereum vs Bitcoin: Is Ethereum a Better Bitcoin Alternative?**. Disponível em: https://www.bitdegree.org/tutorials/ethereum-vs-bitcoin/#Smart_contracts. Acesso em 20/4/2019.

[142] DIVINO, Sthéfano Bruno Santos. **Smart contracts: conceitos, limitações, aplicabilidade e desafios**. Revista Jurídica Luso-Brasileira, ano 4, 2018, nº 6. Disponível em: http://www.cidp.pt/revistas/rjlb/2018/6/2018_06_2771_2808.pdf. p. 29.

plataforma não foi feita com esse intuito de criar contratos.[143]

Outra *blockchain* bastante popular é a Dash, a qual também permite a criação de *smart contracts*. Contudo, assim como a bitcoin, a Dash foi criada com o intuito maior de criar moedas virtuais para trocas, e não especificamente contratos.[144]

A *blockchain* Dash tem se destacado nos últimos meses em razão dos aumentos inflacionários na Venezuela. Muitos cidadãos estão optando pela compra da referida criptomoeda para realizar pagamentos comuns do dia a dia. Com isso, tanto a valorização do Dash (nome dado à criptomoeda criada pela plataforma) tem aumentado, quanto mais adeptos estão sendo motivados e programar s*mart contracts* nessa *blockchain*.[145]

---

[143] Conforme o artigo a seguir explica a possibilidade de se criar *smart contracts* na *blockchain* do *bitcoin*, bem como traz um exemplo de um *smart contract* desenvolvido nessa *blockchain*. https://bitcoinmagazine.com/articles/yes-bitcoin-can-do-smart-contracts-and-particl-demonstrates-how/

[144] https://www.reddit.com/r/dashpay/comments/7znq6l/smart_contracts_on_dash/

[145] https://cryptowatch.com.br/dash-hiperinflacao-venezuela/

Um contrato inteligente é criado utilizando, além da *blockchain* escolhida, um *software* que permite a criação de linguagens de programação que sejam inseridas na *blockchain*. [146] Assim, para que seja possível criar um *smart contract*, é necessário possuir conhecimentos de programação.[147]

O escopo do presente trabalho não é explicar os pormenores da linguagem de programação dos *smart contracts*, mas sim analisá-los sob a ótica do Direito. [148] Por esse motivo, não será explicado o

---

[146] WRIGHT, Aaron; PRIMAVERA De Filippi. **Decentralized blockchain technology and the rise of lex cryptographia**. *SSRN,* 2015. Disponível em: https://papers.ssrn.com/sol3/papers.cfm?abstract_id=2580664. p. 24.

[147] Para compreender um pouco melhor acerca do procedimento de criação de um smart contract: https://www.agatetepe.com.br/construa-seu-primeiro-ethereum-smart-contract-com-solidez-tutorial/. Mais adiante, no presente trabalho, serão abordadas algumas consequências jurídicas trazidas por essa necessidade de elaboração dos *smart contracts* em linguagem de programação.

[148] É possível compreender um pouco mais acerca da programação por meio dos dois artigos citados a seguir. Contudo, frisa-se que o presente trabalho não tem o foco de explicar os pormenores dessa linguagem. Atzei, Nicola; Bartoletti, Massimo; Cimoli, Tiziana. A Survey of Attacks on Ethereum Smart Contracts (SoK). A Survey of Attacks on Ethereum Smart Contracts (SoK). In: Maffei M., Ryan M. (eds) Principles of Security and Trust. POST 2017. Lecture Notes in Computer Science, vol 10204. Springer, Berlin, Heidelberg. p. 164-186. Também:

funcionamento dos *softwares*, nem as linguagens utilizadas para a criação dos contratos. Resta frisar, apenas, que esse conhecimento é importante para o sucesso do contrato.

Pode-se fazer um paralelo com os contratos eletrônicos, os quais são criados por computadores e executados virtualmente. Para que sejam criados, os conhecimentos de linguagem de programação também são essenciais, embora o seu estudo no Direito tenha o enfoque estritamente jurídico.

Isso não obsta, conforme será visto adiante, a necessidade de os operadores do direito assimilarem alguns conhecimentos de programação ou, pelo menos trabalharem em conjunto com profissionais que dominem essa área. Isso porque, com o crescimento da utilização de *smart contracts* nos negócios, é possível que seja cada vez mais comum contratos cerem criados diretamente em *smart contracts*.

Para tornar mais clara a visão de um *smart contract*, seguem abaixo alguns exemplos:

NAKAMOTO, Satoshi. **Bitcoin: A Peer-to-Peer Electronic Cash System**. Disponível em https://bitcoin.org/bitcoin.pdf.

A imagem abaixo representa o código de um *smart contract* da criptomoeda Ethereum. É possível perceber que o contrato possui uma lógica de programação.[149]

Apresenta-se outro exemplo de um *smart contract*:

```
tract MyToken {
    mapping (address => uint256) public balanceOf;

    function MyToken(
        uint256 initialSupply,
    ) {
        balanceOf[msg.sender] = initialSupply;
    }

    function transfer(address _to, uint256 _value) {
        require(balanceOf[msg.sender] >= _value);
        require(balanceOf[_to] + _value >= balanceOf[_to]);
        balanceOf[msg.sender] -= _value;
        balanceOf[_to] += _value;
    }
}
```

```
contract TokenExchange
{
    mapping (address => uint) balances;

    function BuyTokens() payable
    {
        balances[msg.sender] += msg.value;
    }

    function SellTokens(uint amount)
    {
        if (balances[msg.sender] >= amount)
        {
            if (msg.sender.call.value(amount)() == false) // send money to caller
                throw;
            balances[msg.sender] -= amount;
        }
    }
}
```

---

[149] A imagem foi obtida primeiramente através do artigo publicado por Sthéphano Divino. DIVINO, Sthéfano Bruno Santos. **Smart contracts: conceitos, limitações, aplicabilidade e desafios**. Revista Jurídica Luso-Brasileira, ano 4, 2018, nº 6. Disponível em: http://www.cidp.pt/revistas/rjlb/2018/6/2018_06_2771_2808.pdf.

Exemplo de *smart contract*. Disponível em: https://www.kaspersky.co.uk/blog/ethereum-ico/11953/

O presente trabalhou optou por dividir os *smart contracts* em sentido amplo e sentido estrito. Nos de sentido amplo, incluíram-se todos os tipos de *smart contract* possíveis.

Porém, na classificação "*smart contracts* em sentido estrito", foi dito que seriam esses apenas os contratos no sentido jurídico. Ou seja, o presente trabalho defendeu a ideia de que esses *smart contracts* são figuras contratuais. Aqui se quer dizer os *smart contracts* em sentido estrito.

Nesse sentido, Samuel Bourque e Sara Fung Ling explicam que os *smart contracts* não fazem nenhuma redefinição no conceito tradicional de contrato. Segundo eles, caso determinado *smart contract* contivesse as características que definem um contrato como tal, ele seria sim um contrato.[150]

---

[150] BOURQUE, Samuel; TSUI, Sara Fung Ling. **A Lawyer's introduction to smart contracts**. Scientia Nobolitat. The Republic of Poland, 2004. Disponível em: https://github.com/joequant/scms/blob/master/doc/pdfs/A%20Law yer's%20Introduction%20to%20Smart%20Contracts.pdf. p. 11.

Samuel Bourque e Sara Fung Ling ainda ressaltam os elementos que compõem os contratos, quais sejam: uma oferta, uma aceitação, a causa do contrato e a intenção e vontade das partes. Por esse motivo, qualquer *smart contract* que contenha esses elementos será considerado um contrato. Deve-se considerar, é claro, também a eventual presença de vícios de vontade ou outras causas de invalidade do contrato.[151]

Os mesmos autores supra ainda não descartam que alguns *smart contracts* poderiam também não ser considerados contratos na hipótese de não constituírem os elementos dos contratos. Seria o caso de uma mera automação, em formato de *smart contract,* encarregada de fazer um redirecionamento

---

[151] Além disso, deve-se considerar que os autores não descrevem o conceito de contrato conforme o ordenamento jurídico brasileiro, nem conforme os autores brasileiros utilizados neste trabalho. Além disso, traduziu-se a expressão "consideration" para "causa", tendo em vista a interpretação vista como mais adequada à causa-função. BOURQUE, Samuel; TSUI, Sara Fung Ling. **A Lawyer's introduction to smart contracts**. Scientia Nobolitat. The Republic of Poland, 2004. Disponível em: https://github.com/joequant/scms/blob/master/doc/pdfs/A%20Law yer's%20Introduction%20to%20Smart%20Contracts.pdf. p. 11.

de pagamento toda vez que esse ocorresse, por exemplo.[152]

No caso acima exemplificado, estaria-se diante de um *smart contract* em sentido amplo, conforme a classificação exposta neste trabalho. Logo, não caracterizaria o *smart contract* contrato, o qual é o objeto de estudo da presente dissertação.[153]

Portanto, será necessário demonstrar o motivo pelo qual esses *smart contracts* podem ser reconhecidos como contratos. Para isso, será necessário percorrer por alguns conceitos da Teoria Geral dos Contratos.

O conceito de contrato é fundamental para que se possa qualificar um *smart contract* como um contrato. Não bastasse isso, também é importante analisar um *smart contract* sob a visão da teoria do

---

[152] BOURQUE, Samuel; TSUI, Sara Fung Ling. **A Lawyer's introduction to smart contracts**. Scientia Nobolitat. The Republic of Poland, 2004. Disponível em: https://github.com/joequant/scms/blob/master/doc/pdfs/A%20Law yer's%20Introduction%20to%20Smart%20Contracts.pdf. p. 11.

[153] Conforme a classificação exposta, os *smart contracts* podem ser divididos em *smart contracts* em sentido amplo, os quais contemplam aqueles que não são contratos e não são o objeto do presente trabalho, e os *smart contracts* em sentido estrito, os quais são figuras contratuais.

negócio jurídico, principalmente no que diz respeito à teoria da tricotomia dos planos. É o que será realizado a partir de agora.

Orlando Gomes ensina que o contrato é um negócio jurídico em que, em sua formação, é exigida, pelo menos a presença de duas partes. Por esse motivo, o contrato seria um negócio jurídico bilateral.[154]

Orlando Gomes ainda ressalta a importância dos contratos como instrumentos jurídicos para a constituição, transmissão e extinção de direitos na área econômica.[155] Os contratos apresentam, ainda o que se pode chamar de fases da contratação, as quais serão brevemente analisadas.

A fase pré-contratual é caracterizada pelo período em que ocorrem as chamadas negociações

---

[154] Orlando Gomes também entende que é possível a existência de contratos formados por negócios jurídicos plurilaterais. Isso ocorreria quando houvesse a participação de sujeitos de direito com diferentes interesses contrapostos (ver: GOMES, Orlando. **Contratos**. Atualizadores Antonio Junqueira de Azevedo e Francisco Paulo de Crescenzo Marino. Forense: 2007. p. 13). GOMES, Orlando **Contratos**. Atualizadores Antonio Junqueira de Azevedo e Francisco Paulo de Crescenzo Marino. Forense: 2007. p. 4.

[155] GOMES, Orlando. **Contratos**. Atualizadores Antonio Junqueira de Azevedo e Francisco Paulo de Crescenzo Marino. Forense: 2007. p. 5.

preliminares ou as tratativas. Nessa fase, ainda não existe o contrato formado, mas apenas prévias negociações, as quais não perfectibilizam a conclusão do contrato.[156]

Sabe-se que, em alguns casos, é possível que exista responsabilidade por danos causados na fase pré-contratual, mas ainda assim não se considera formado o contrato. Exemplo disso seria o caso da interrupção injustificada nas negociações, de forma que se violem as justas expectativas de uma das partes em razão da quebra de deveres anexos oriundos da boa-fé objetiva.[157]

Poderia-se verificar essa fase contratual em *smart contracts* a partir da constatação de negociações preliminares entre as partes acerca das cláusulas de programação que pretendem elaborar para o contrato. Contudo, é importante destacar que, tendo em vista que, nesse caso, ainda não existe qualquer *smart contract* programado, também não se pode falar em

---

[156] GOMES, Orlando. **Contratos**. Atualizadores Antonio Junqueira de Azevedo e Francisco Paulo de Crescenzo Marino. Forense: 2007. p. 45.

[157] GOMES, Orlando. **Contratos**. Atualizadores Antonio Junqueira de Azevedo e Francisco Paulo de Crescenzo Marino. Forense: 2007. p. 45.

execução automática do *smart contract* em fase pré-contratual.[158]

Na fase de conclusão do contrato, ou também chamada de formação do contrato, é onde ocorre a junção de duas ou mais declarações de vontade. Nesse sentido, as declarações de vontade precisam coincidir e, ocorrendo essa junção, o contrato é formado.[159]

Mais adiante, a presente dissertação abordará algumas consequências jurídicas que envolvem os *smart contracts* quanto à sua fase de formação.

Como é sabido, as manifestações de vontade não precisam ser necessariamente emitidas ao mesmo tempo, podendo ocorrer em tempos diferentes. Aquela parte que emite a declaração inicial é chamada de proponente ou policitante, ou seja, é aquele que faz a proposta. Já a parte que recebe a

---

[158] Embora, neste trabalho, entende-se pela possibilidade de eventuais reparações civis pela quebra de expectativas geradas na fase pré-contratual, assim como pode ocorrer em qualquer contrato.

[159] GOMES, Orlando. **Contratos**. Atualizadores Antonio Junqueira de Azevedo e Francisco Paulo de Crescenzo Marino. Forense: 2007. p.67.

proposta e manifesta sua concordância é chamada de aceitante ou oblato.[160]

É na fase de execução, ou também chamada de cumprimento, que as partes realizam o cumprimento de suas obrigações. Esse cumprimento pode ser dado em mais de uma modalidade. Por exemplo, nos contratos instantâneos, também conhecidos como contratos de execução única, as prestações das partes podem ser realizadas em um instante único, e, após, não há mais o que adimplir.[161]

Ademais, percebe-se que a característica dos *smart contracts* acerca da sua autoexecutoriedade diz respeito à fase de cumprimento. Em outras palavras, quando se diz que os *smart contracts* possuem execução automática independente da vontade das partes, o que se está dizendo é que a fase

---

[160] Orlando Gomes ainda destaca que a proposta e a aceitação não são, por si só, negócios jurídicos, pois são apenas declarações de vontade. O contrato somente será formado quando houver a integração entre a proposta e a aceitação. GOMES, Orlando. **Contratos**. Atualizadores Antonio Junqueira de Azevedo e Francisco Paulo de Crescenzo Marino. Forense: 2007. p. 68.

[161] GOMES, Orlando. **Contratos**. Atualizadores Antonio Junqueira de Azevedo e Francisco Paulo de Crescenzo Marino. Forense: 2007. p. 93-94.

de cumprimento do contrato se dá de forma automática.

Porém, nos contratos de duração continuada, as obrigações das partes não são adimplidas todas de uma única vez, mas sim em vários adimplementos sucessivos com um lapso temporal entre eles. Esses contratos são também chamados de contratos de trato sucessivo em razão das prestações serem adimplidas pouco a pouco no tempo.[162]

Na fase pós-contratual, também chamada de pós-negocial, a obrigação principal das partes já foi cumprida, bem como o contrato já foi extinto em razão do próprio adimplemento das obrigações pactuadas entre as partes.

Contudo, ainda assim podem existir algumas obrigações que permanecerão sendo impostas às partes. É possível extraírem-se alguns deveres anexos que, ainda que o contrato tenha sido extinto, continuam sendo obrigatórios em razão da sua

---

[162] GOMES, Orlando. **Contratos**. Atualizadores Antonio Junqueira de Azevedo e Francisco Paulo de Crescenzo Marino. Forense: 2007. p. 93-94.

natureza. Um desses exemplos de deveres anexos pode ser, por exemplo, o dever de sigilo.[163]

Stéphano Bruno Santos Divino ressalta que, caso os *smart contracts* não tivessem reconhecida a sua natureza contratual, ou seja, de um acordo de vontades entre as partes, legalmente exigível, não haveria motivos para que se discutisse seus aspectos legais, pelo menos os que dizem respeito aos institutos contratuais.[164]

Por esse motivo, Stéphano Bruno Santos Divino reforça que um dos aspectos jurídicos mais importantes dos *smart contracts* é que eles são categorizados como contratos, e não apenas que são formados por código de programação.[165]

---

[163] Vide COUTO E SILVA, Clóvis V. do. **Obrigação Como Processo**, a. FGV Editora, 2006.

[164] DIVINO, Sthéfano Bruno Santos. **Smart contracts: conceitos, limitações, aplicabilidade e desafios**. Revista Jurídica Luso-Brasileira, ano 4, 2018, nº 6. Disponível em: http://www.cidp.pt/revistas/rjlb/2018/6/2018_06_2771_2808.pdf. p. 25.

[165] DIVINO, Sthéfano Bruno Santos. **Smart contracts: conceitos, limitações, aplicabilidade e desafios**. Revista Jurídica Luso-Brasileira, ano 4, 2018, nº 6. Disponível em: http://www.cidp.pt/revistas/rjlb/2018/6/2018_06_2771_2808.pdf. p. 25.

Os *smart contracts*, por serem contratos, são regidos por normas, ainda que não existam normas específicas sobre eles no Direito Brasileiro, pelo menos não até o momento. Porém, quando se afirma que se tratam de contratos, o que se está fazendo é a subsunção dos *smart contracts* concretos ao suporte fático abstrato dos contratos.

Para que seja possível realizar essa subsunção, ou seja, para determinar que os *smart contracts* preenchem determinado suporte fático, é utilizada a teoria do fato jurídico. É claro que a utilização dessa teoria não se dá de forma estritamente proposital, pois o que realmente ocorre é uma abstração em que se compara o conceito de contrato com o conceito de *smart contract* para determinar se este pode ser entendido como uma espécie daquele.

A teoria do fato jurídico tem a importância principal de explicar o que é relevante para o Direito e o que não é. Além disso, tem a função de explicar, dentre o que é relevante, aquilo que é válido e capaz de gerar efeitos jurídicos e aquilo que não é válido, bem como aquilo que não é capaz de gerar efeitos jurídicos.

A teoria do fato jurídico é atribuída a Pontes de Miranda, o qual foi responsável pela criação das nomenclaturas: fato jurídico em sentido amplo, fato jurídico em sentido estrito, ato fato jurídico, ato jurídico em sentido amplo, ato jurídico em sentido estrito e negócio jurídico. Essas categorias têm a finalidade de descrever quais fatos são, de fato, relevantes ao Direito e, por esse motivo, entram no mundo jurídico. Além disso, as categorias definem cada espécie de fato jurídico.[166]

Pontes de Miranda também foi responsável pela criação da teoria da tricotomia dos planos, quais sejam: o plano da existência, o plano da validade e o plano da eficácia. Cada um desses planos apresenta um papel, em que, somados, permitem o entendimento daquilo que entra no mundo jurídico (existência)[167],

---

[166] MELLO, Marcos Bernardes de. **Teoria do fato jurídico: plano da existência**. Saraiva, 2003. p. 108-113.

[167] Segundo Pontes de Miranda, o plano da existência pode dar ensejo ao fato jurídico em sentido estrito (que são todos os fatos da natureza que acarretam consequências jurídicas, ao ato-fato (aquele que não depende da vontade humana), ao ato jurídico em sentido estrito (quando há manifestação de vontade com consequências jurídicas previamente definidas pelo ordenamento jurídico) e ao negócio jurídico, que será tratado no próximo capítulo com maior atenção.

que não apresenta vícios (validade) e que produz efeitos jurídicos (eficácia).[168]

Pontes de Miranda é famoso pela escada ponteana, em que se tem o plano da existência, da validade e da eficácia, em que o segundo e o terceiro pressupõem o primeiro. Assim, segundo Pontes, antes de se falar em validade ou em eficácia, é preciso falar em existência.[169]

Segundo Pontes de Miranda, um fato jurídico passa a existir no momento em que preenche o suporte fático.[170] Em outras palavras, se o fato, embora existente, não for capaz de preencher o suporte fático, ele existirá somente no mundo fático, mas não no mundo jurídico. Esse suporte fático precisa ser suficiente.[171]

---

[168] MELLO, Marcos Bernardes de. **Teoria do fato jurídico: plano da existência**. Saraiva, 2003. P 108-113.

[169] PONTES, DE MIRANDA; CAVALCANTE, Francisco. **Tratado de Direito Privado. Tomo IV**. São Paulo: RT, 2012. P. 8

[170] PONTES, DE MIRANDA; CAVALCANTE, Francisco. **Tratado de Direito Privado. Tomo I**. São Paulo: RT, 2012. P. 135

[171] Atua no plano da existência a suficiência do suporte fático. Assim, se o suporte fático for formado por três fatos, e apenas dois desses ocorrerem, não há suficiência do

Estando presentes os requisitos do suporte fático, ele se concretiza, entrando no mundo jurídico, através da incidência da norma, e, a partir de então, passa a produzir efeitos jurídicos. [172] Embora possa parecer evidente, é importante frisar que os fatos que produzem efeitos jurídicos são somente aqueles que entraram no mundo jurídico por meio da incidência da norma.

Essa incidência, conforme Marcos Bernardes de Mello frisa de forma veemente, não depende do aplicador do direito, mas só depende da própria norma. Uma coisa é a incidência da norma, que não depende de terceiros para que incida, e outra coisa

suporte fático e, consequentemente, não há entrada no mundo jurídico (a menos, é claro, que os dois fatos ocorridos sejam o suporte fático de outra norma, caso em que ocorre entrada no mundo jurídico). Porém, é possível que, em determinada situação, o suporte fático seja deficiente, e isso repercute no plano da validade ou da eficácia. Marcos Bernardes de Mello reforça que essa repercussão se dá nos casos em que a vontade relevante é elemento cerne do suporte fático (atos jurídicos lato sensu). Havendo deficiência no suporte fático, não significa que não há suporte fático suficiente (conforme já visto, a suficiência está atrelada à existência, ou seja, ao preenchimento por completo do suporte fático), mas sim que há problemas no plano da validade ou da eficácia, ainda que existente o negócio jurídico. MELLO, Marcos Bernardes de. **Teoria do fato jurídico: plano da existência**. Saraiva, 2003. P 132-133.

[172] PONTES, DE MIRANDA; CAVALCANTE, Francisco. **Tratado de Direito Privado. Tomo I**. São Paulo: RT, 2012. P. 135

é a aplicação no caso concreto, que será feita pelo juiz.[173]

Os elementos do suporte fático são aqueles que possuem relevância para o Direito. Assim, podem ser fatos da natureza animal (desde q relacionados a alguém, pois, conforme já visto, o fato deve ser de conhecimento de alguém), como, por exemplo, o nascimento de um bezerro. [174]

Podem, também, ser atos humanos, como, por exemplo uma manifestação de vontade ou uma ação que cause algum dano material. Não só fatos concretos podem fazer parte do suporte fático, mas até mesmo dados psíquicos. Exemplos típicos de dados psíquicos são dados como a intenção e os motivos, que, embora não tenham concretude a ponto de serem vistos diretamente, podem ser extraídos de um contexto. Outro exemplo é a reserva mental, ou até mesmo o desconhecimento do vício para fim de vício

---

[173] MELLO, Marcos Bernardes de. **Teoria do fato jurídico: plano da existência**. Saraiva, 2003. P 108-113.

[174] MELLO, Marcos Bernardes de. **Teoria do fato jurídico: plano da existência**. Saraiva, 2003. P 75-80.

redibitório (pois o desconhecimento é essencial para a configuração do suporte fático).[175]

Assim, para que se qualifique um smart contract como um negócio jurídico, é preciso identificar no referido smart contract elementos que preencham o suporte fático de um negócio jurídico. Por esse motivo, é importante identificar quais seriam os elementos do suporte fático de um negócio jurídico.

Para Marcos Bernardes de Mello, é possível definir o negócio jurídico pelo seu núcleo. Exemplifica o jurista a partir do exemplo de um negócio jurídico em que o cerne seja um acordo de vontades com poder de autorregramento e o completante seja a disposição de certo objeto a determinado preço. Nesse caso, configura-se o suporte fático do contrato de compra e venda. Já outro exemplo, tem-se o cerne também como um acordo de vontades com poder de autorregramento, porém o completante é a disposição

---

[175] MELLO, Marcos Bernardes de. **Teoria do fato jurídico: plano da existência**. Saraiva, 2003. P 75-80.

de certo objeto de modo gratuito.[176] Nesse último caso, configura-se o suporte fático do contrato de doação.

Tendo em vista a definição supra, é possível entender que *smart contracts* são negócios jurídicos, haja vista que seu cerne está no acordo de vontades com poder de autorregramento, podendo variar o completante em relação ao objeto do contrato. Exemplos de objetos do contrato poderiam ser a cessão, a título oneroso, de ativos financeiros, tais como criptomoedas. Poderiam, também, ser a cessão temporária de direitos registrados em *blockchain*.

O estudo do negócio jurídico, no presente trabalho, terá como base a teoria desenvolvida por Junqueira de Azevedo. Marcos Bernardes de Mello, em sua obra, define o negócio jurídico, porém foi escolhido o estudo de Junqueira de Azevedo, em razão de o autor refutar outras teorias e classificações e justificar de forma bastante completa a sua.[177] Aliás,

---

[176] MELLO, Marcos Bernardes de. Teoria do fato jurídico: plano da existência. Saraiva, 2003. P 87.

[177] Junqueira de Azevedo refuta, por exemplo, a teoria voluntarista do negócio jurídico de Sílvio Rodrigues, criticando principalmente porque defende que há vários casos em

essa definição permite que novas formas contratuais sejam aceitas em nosso ordenamento, tais como a forma de contratos celebrados por máquinas com inteligência artificial e por ser adequado para o estudo dos *smart contracts*.[178]

---

que se pratica um ato buscando os seus efeitos e não se está praticando um negócio jurídico. A exemplo, tem-se o caso do caçador que caça e quer ser dono da caça. Ainda, há casos de conversão do negócio jurídico, em que as partes não queriam o outro negócio (negócio jurídico subjacente), mas mesmo assim houve a conversão. É claro que, nessa hipótese, ainda existe o requisito de que se as partes soubessem que era nulo o negócio jurídico celebrado, ainda assim optassem por ele. A questão é que as partes não queriam diretamente. Junqueira de Azevedo ainda aponta a crítica feita por Betti, dizendo que essa teoria acaba sendo psicológica e fundada no dogma da vontade. Assim acaba sendo até perigosa, tendo em vista que é difícil investigar a vontade dos agentes. Junqueira diz que a vontade não faz parte do negócio jurídico no plano da existência, mas que apenas a manifestação de vontade faz. Quanto à questão de apenas a manifestação de vontade fazer parte do negócio jurídico, será tratado adiante. Quanto à definição pela função, ou, como também pode ser chamada, definição objetiva, tem-se que o negócio jurídico é um meio previsto no ordenamento para produção de efeitos jurídicos. O negócio jurídico constitui um comando concreto que o ordenamento dá eficácia vinculante. Assim, no momento em que determinado negócio jurídico é celebrado, cria-se uma norma a partir desse negócio. Junqueira de Azevedo afirma que essa teoria falha no caso dos negócios nulos, em que se acabaria criando uma "não-norma.", Isso porque não se poderia cogitar que o ordenamento permitisse a criação de normas nulas. AZEVEDO, Antônio Junqueira de. **Negócio Jurídico: Existência, Validade E Eficácia**. Editora Saraiva, 2000. P. 5-10.

178 Recomenda-se a leitura do seguinte artigo: BALCONI, Lucas Ruiz; ZARELLI, Renata Calheiros; MORETTI, Mariana Piovezani. **Do uso da inteligência artificial nos**

Muitos manuais trazem as definições de negócio jurídico, porém a obra de Junqueira de Azevedo traz elementos que não são constantemente localizados em manuais de direito civil, razão pela qual se faz importante destacá-la.

Junqueira de Azevedo aponta que a definição do negócio jurídico pode ser dada por três formas: a definição voluntarista, a definição objetiva e estrutural, essa última que foi desenvolvida pelo próprio autor.[179]

A classificação que o Junqueira de Azevedo desenvolve em sua obra é a chamada definição estrutural do negócio jurídico. Segundo essa definição, negócio jurídico é fato jurídico abstrato e, também, fato jurídico concreto. Por fato jurídico abstrato, deve-se entender suporte fático. Consiste em manifestação de vontade cercada de circunstâncias negociais que

---

contratos e seus (d)efeitos. Revista de Direito Privado, V. 86. 2018. p. 87-103.

[179] AZEVEDO, Antônio Junqueira de. **Negócio Jurídico: Existência, Validade E Eficácia** . Editora Saraiva, 2000. P. 5-10.

fazem com que essa manifestação seja vista como dirigida à produção de efeitos jurídicos.[180]

Já no conceito de fato jurídico concreto, tem-se que negócio jurídico é todo fato jurídico consistente em declaração de vontade a que o ordenamento atribui os efeitos designados como queridos, respeitados os pressupostos de existência, validade e eficácia da norma que nele incide.[181]

Importante ressaltar que a manifestação da vontade deve ser aquela socialmente tida como produtora dos efeitos jurídicos, e o ordenamento imputa os efeitos que são considerados como queridos.[182] Em outras palavras, não basta que o agente emissor da manifestação de vontade possua, subjetivamente, a vontade; é necessário que sua forma de expressar a vontade seja conhecida socialmente e

---

[180] AZEVEDO, Antônio Junqueira de. **Negócio Jurídico: Existência, Validade E Eficácia** . Editora Saraiva, 2000. P. 16.

[181] AZEVEDO, Antônio Junqueira de. **Negócio Jurídico: Existência, Validade E Eficácia** . Editora Saraiva, 2000. P. 5-10.

[182] AZEVEDO, Antônio Junqueira de. **Negócio Jurídico: Existência, Validade E Eficácia** . Editora Saraiva, 2000. P. 16.

que, por meio dela, seja comum à sociedade que se interprete como uma manifestação.

No presente trabalho, entende-se que, ainda que possa não haver a declaração de vontade expressa das partes na celebração de um *smart contract*, as circunstâncias negociais do caso concreto permitem concluir que as partes possuem, sim um acordo de vontades. Essa presunção pode resultar, por exemplo, da própria criação da programação do *smart contract*, bem como de sua execução.

Não bastasse isso, o próprio art. 111, do Código Civil, prevê que o silêncio importa anuência quando não houver necessidade de declaração expressa e as circunstâncias ou os usos autorizarem.

No mesmo sentido, Alexander Savelyev afirma que, pelo fato de um ativo poder ser transferido de uma pessoa para outra através de um *smart contract*, estaria caracterizada a realização contratual. Ademais, Savelyev também afirma que, ainda que a execução de um *smart contract* ocorra de forma automática, ainda assim existe o elemento vontade entre as partes.[183]

Logo, o elemento vontade estaria demonstrado, por exemplo, na própria elaboração ou concordância com a elaboração das cláusulas em linguagem de programação. No momento em que as partes demonstram, ainda que tacitamente, a concordância para com os termos do *smart contract*, estão perfectibilizando a formação do contrato.[184]

Logo, pela concepção estrutural de negocio jurídico, há um afastamento da teoria voluntarista, e a perspectiva psicológica passa a ser social, já que é

---

[183] SAVELYEV, Alexander. **Contract Law 2.0: 'Smart' contracts as the beginning of the end of classic contract law**. Information and Communications Technology Law. Vol. 26, n.2, p. 116-134, jan-abr. 2017. Disponível em: http://www.tandfonline.com/doi/full/10.1080/13600834.2017.1301036. p. 9.

[184] Para Savelyev, a única diferença que estaria sendo percebida entre um *smart contract* e um contrato tradicional seria em relação à confiança depositada. Enquanto que, em um contrato tradicional, a confiança está sendo depositada na outra parte, e vice-versa, em um contrato em *smart contract* a confiança está sendo depositada no próprio algoritmo de programação desse contrato. SAVELYEV, Alexander. **Contract Law 2.0: 'Smart' contracts as the beginning of the end of classic contract law**. Information and Communications Technology Law. Vol. 26, n.2, p. 116-134, jan-abr. 2017. Disponível em: http://www.tandfonline.com/doi/full/10.1080/13600834.2017.1301036. p. 9.

uma manifestação de vontade socialmente reconhecida a produzir efeitos socialmente tidos como resultantes dela. [185] Nas palavras de Junqueira de Azevedo, "o negócio não é o que o agente quer, mas sim o que a sociedade vê como declaração de vontade do agente".[186]

Junqueira de Azevedo diz que essa visão estrutural do negócio jurídico resolve dois grandes problemas do direito: o papel da vontade e o papel da causa (a causa não será tratada de forma aprofundada no presente trabalho, tendo em vista que não é objeto do problema), essas duas que não fazem parte do negócio jurídico, mas atuam no plano da validade e da eficácia.[187]

Os elementos do negócio jurídico tradicionalmente elencados pela doutrina são três:

---

[185] AZEVEDO, Antônio Junqueira de. **Negócio Jurídico: Existência, Validade E Eficácia** . Editora Saraiva, 2000. P. 21.

[186] AZEVEDO, Antônio Junqueira de. **Negócio Jurídico: Existência, Validade E Eficácia** . Editora Saraiva, 2000. P. 21.

[187] AZEVEDO, Antônio Junqueira de. **Negócio Jurídico: Existência, Validade E Eficácia** . Editora Saraiva, 2000. P. 21

elementos essenciais, elementos naturais e elementos acidentais.[188]

Junqueira de Azevedo define os elementos do negócio jurídico de maneira própria. Para o jurista, o negócio jurídico é formado pelos elementos, pelos requisitos e pelos fatores de eficácia. Os elementos atuam no plano da existência. Os requisitos atuam no plano da validade. Já os fatores de eficácia, como o próprio nome sugere, atuam diretamente no plano da eficácia.[189]

Vale mencionar que Serpa Lopes dividia a estrutura do negócio jurídico em duas partes: a primeira ela a dos elementos, também contendo os essenciais, naturais e acidentais. Já a segunda são os requisitos, que seria os relacionados à formação do negócio jurídico.[190]

---

[188] AZEVEDO, Antônio Junqueira de. **Negócio Jurídico: Existência, Validade E Eficácia**. Editora Saraiva, 2000. P. 26.

[189] AZEVEDO, Antônio Junqueira de. **Negócio Jurídico: Existência, Validade E Eficácia**. Editora Saraiva, 2000. P. 26.

[190] SERPA LOPES, Miguel Maria de. **Curso de Direito Civil (Introdução, Parte Geral e Teoria dos Negócios Jurídicos)**. V. 1. Livraria Freitas Bastos S.A. 1953. P. 308-309.

Ressalte-se, mais uma vez, que o presente trabalho não versa sobre os planos da existência, da validade nem sobre o plano da eficácia, razão pela qual esses planos não terão aprofundamento, mas sim acerca de suas características essenciais que afetem o conceito de *smart contracts*. Contudo, Junqueira de Azevedo diz que a análise do negócio jurídico deve ser feita em progressão.[191]

Analisar o negócio jurídico em progressão significa dizer que primeiro é analisado no plano da existência (elementos do suporte fático)[192], depois no da validade e, somente depois, é feita a análise no plano da eficácia.

Ainda, defende Junqueira de Azevedo que o princípio da conversão do negócio jurídico deve ser

---

[191] AZEVEDO, Antônio Junqueira de. **Negócio Jurídico: Existência, Validade E Eficácia**. Editora Saraiva, 2000. P. 26.

[192] É interessante notar que o conceito de suporte fático não é um conceito exclusivo do direito civil. Aliás, tal conceito surgiu no direito penal, ou seja, sequer existia no direito civil quando criado, e possui vários outros nomes no direito, embora todos eles contenham a mesma ideia estrutural. Alguns nomes que se pode perceber são tipo legal (muito utilizado no direito penal), hipótese de incidência, fato gerador (com ampla utilização no direito tributário) etc. Betti utilizava o termo *fattispecie*. [192] MELLO, Marcos Bernardes de. **Teoria do fato jurídico: plano da existência**. Saraiva, 2003. P 74-75.

aplicado em todos os planos: existência validade e eficácia, tendo em vista a proteção que o ordenamento dá à declaração de vontade.[193]

Antes de se passar à análise dos elementos de existência de um *smart contract*, de seus requisitos de validade e de seus fatores de eficácia, é importante lembrar que alguns autores afirmam que o plano da existência não constitui importância para o estudo do negócio jurídico. A título de exemplo, Clóvis Bevilacqua afirmava:

> "Aubry et Rau, seguindo Zachriae, apresentam mais uma ordem de atos ineficazes, a dos inexistentes. A proposta foi aceita, porém, a divergência se estabeleceu desde sobre a noção desses atos. Colmet de Santerre e Demolombe confundem inexistente e nulo; Laurent assimila nulo e anulável, e denomina inexistentes os que são nulos de pleno direito"194

---

[193] AZEVEDO, Antônio Junqueira de. **Negócio Jurídico: Existência, Validade E Eficácia** . Editora Saraiva, 2000. P. 26.

[194] BEVILACQUA, CLÓVIS. **Teoria Geral do Direito Civil**. São Paulo: Red Livros, 2001, p. 343.

Um exemplo em que se pode observar o que foi afirmado por Clóvis Bevilacqua é o de uma sanção civil, tal como a indenização por danos materiais. Nesse caso, embora o fato jurídico tenha obtido a incidência da norma, essa incidência por si só não é capaz de satisfazer o credor com o pagamento da indenização: é necessário, além disso, que o juiz determine e, depois, se necessário, autorize a execução para que o crédito seja efetivamente pago. Porém, ainda assim a incidência ocorreu, mesmo que o credor não venha obter o valor de sua indenização.

Contudo, o presente trabalho abordará o plano da existência como um plano com importância, isso porque, conforme será mostrado, o plano da existência exerce influência prática para o estudo do negócio jurídico.

Conforme afirmava do Pontes de Miranda, não se pode dizer que o conceito de inexistente seja inútil ao jurista, visto que "é de interesse do nadador saber onde acaba a piscina."[195] Ainda, no plano da eficácia, "o ato inexistente é ato que não poderia produzir efeitos; o ato nulo, o que não os produz, porque é nulo. A ineficácia do inexistente é consequência de não existir; a ineficácia do nulo é supressão. "[196]

Os manuais normalmente trazem o plano da existência quando tratam dos negócios jurídicos. Em uma pesquisa a diversos manuais, foi percebido que o Curso de Direito Civil do professor Flávio Tartuce é um dos poucos que, apesar de tratar do plano da existência, menciona que o está tratando apenas por obrigação doutrinária, mas que acredita ser desnecessário o tratamento em razão de que as consequências práticas da inexistência podem ser obtidas através das nulidades.[197]

---

[195] PONTES, DE MIRANDA; CAVALCANTE, Francisco. **Tratado de Direito Privado. Tomo IV**. São Paulo: RT, 2012. P. 20.

[196] PONTES, DE MIRANDA; CAVALCANTE, Francisco. **Tratado de Direito Privado. Tomo IV**. São Paulo: RT, 2012. P. 20.

[197] TARTUCE, Flávio. **Direito Civil. Vol. 1: Lei de Introdução E Parte Geral** . Grupo Gen-Editora Método Ltda., 2000. P 320.

Para o jurista, se o resultado prático da teoria das nulidades já abrangeria o resultado prático da inexistência de um negócio jurídico, não haveria por que se estudar a inexistência.[198] A seguir, serão mostrados outros autores que também não percebem grande utilidade prática ao plano da existência.

É interessante que Caio Mario da Silva Pereira, em sua obra Instituições de Direito Civil, sequer trata do plano da existência do negócio jurídico também. Porém, apesar de não considerar esse plano na análise progressiva do negócio, o jurista trata do assunto da inexistência na parte de invalidades e ineficácias, mostrando que os atos inexistentes possuem, como consequência prática, a ineficácia jurídica.[199]

Apesar disso, Caio Mario da Silva Pereira afirma ser importante a distinção entre inexistente e nulo. Segundo o autor, o inexistente sequer chegou a existir, enquanto o nulo teve seus efeitos negados pelo

---

[198] TARTUCE, Flávio. **Direito Civil. Vol. 1: Lei de Introdução E Parte Geral**. Grupo Gen-Editora Método Ltda., 2000. P 320.

[199] PEREIRA, Caio Mário da Silva. **Instituições de direito civil**, v. I, Forense. 2014. P. 542.

ordenamento. Ainda, diz que há importância prática na declaração de nulidade, em que o inexistente não necessita de declaração.[200]

Nas palavras do próprio jurista:

> "Um contrato de compra e venda de imóvel de valor superior à taxa legal é nulo, se não revestir na forma pública, mas o juiz terá de proferir um decreto de nulidade. Faltando, porém, a própria realização do contrato, o juiz poderá, pura e simplesmente, isentar o pseudocomprador de uma prestação".[201]

Caio Mario da Silva Pereira afirma, ainda, que a teoria da inexistência nasceu no direito francês em razão do casamento, na hipótese em que faltasse o consentimento, situação em que não se admite nulidade virtual, mas apenas é nulo o que a lei diz ser. Dessa forma, o casamento celebrado por pessoa

---

[200] PEREIRA, **Caio Mário da Silva. Instituições de direito civil,** v. I, Forense. 2004. P. 544.

[201] PEREIRA, **Caio Mário da Silva. Instituições de direito civil,** v. I, Forense. 2004. P. 544.

incompetente não seria nulo, mas sim inexistente, e não pode ser sequer convalidado.[202]

Serpa Lopes também, em sua obra, não contempla o plano da existência para os negócios jurídicos. Apesar de o autor estabelecer elementos e requisitos para o negócio jurídico, não aponta expressamente um plano da existência.[203]

Moreira Alves, redator da parte geral, rejeitou a proposta de construir a parte geral com base nos três planos, alegando que foi buscado respeitar a sistemática que vinha sendo adotada, alegando que, depois de estabelecidos os requisitos de validade, são tratados dois aspectos que dizem respeito à vontade: interpretação e representação. A seguir, trata da condição, termo e encargo para, então, tratar dos defeitos e invalidades.[204]

Para Emilio Betti, há importância em distinguir a existência, pois pode ocorrer de se

---

[202] PEREIRA, Caio Mário da Silva. **Instituições de direito civil**, v. I, Forense. 2004. P 544.

[203] SERPA LOPES, Miguel Maria de. **Curso de Direito Civil (Introdução, Parte Geral e Teoria dos Negócios Jurídicos)**. V. 1. Livraria Freitas Bastos S.A. 1953.

[204] MORIRA ALVES, José Carlos. **A parte geral do projeto do Código Civil**. Revista CEJ, v. 3, n. 9, p. 5-11, 1999.

aparentar um negócio, porém que não existe, e, nesse caso, não produzirá qualquer efeito, exatamente por não existir.[205] Se uma parte entende que celebrou um contrato com outra, porém não celebrou, qual seria a consequência jurídica disso? Caso a parte ajuizasse uma ação cobrando a execução do contrato, por exemplo, o que o juiz teria de decidir? Talvez o estudo da teoria da aparência seja importante para solucionar essa situação.

É possível encontrar uma utilidade do plano da existência quando o assunto é a conversão do negócio jurídico. Não se admite converter algo que não existe. Assim, para haver conversão, o negócio deveria estar no plano da validade e, portanto, existir.

A doutrina é quase unânime em dizer que negócios jurídicos inexistentes não podem ser convertidos. [206] Pontes de Miranda dizia que "se nenhum ato jurídico se produziu, não há pensar-se em

---

[205] BETTI, Emilio. **Teoria geral do negócio jurídico**. Servanda Editora, 2008. P. 11.

206 WONGTSCHOWSKI, Vânia. **Conversão substancial do negócio jurídico**. Dissertação de mestrado, PUC-SP. Disponível em :http://www.dominiopublico.gov.br/download/teste/arqs/cp063 197.pdf. P. 142.

conversão. O que é preciso é que se tenha produzido ato jurídico nulo ou anulável."[207]

Junqueira de Azevedo aponta uma importante consequência prática relacionada ao plano da existência. Diz o jurista que o ato inexistente não caduca, enquanto o inválido pode caducar.[208] Assim, a alegação de inexistência de um negócio jurídico poderia ser feita a qualquer tempo, enquanto a alegação acerca de invalidades, dependendo do caso, teria um prazo decadencial.

Jan Peter Shimidt afirma que, na doutrina alemã, não há referência explícita à tricotomia existência, validade e eficácia.[209] Segundo o referido autor, para melhor compreender a teoria alemã, há de se separar três etapas: antes do BGB, no momento de

---

[207] PONTES, DE MIRANDA; CAVALCANTE, Francisco. **Tratado de Direito Privado. Tomo IV**. São Paulo: RT, 2012. P. 102.

[208] AZEVEDO, Antônio Junqueira de. **Negócio Jurídico: Existência, Validade E Eficácia**. Editora Saraiva, 2000

[209] SCHMIDT, Jan Peter. **Vida e obra de Pontes de Miranda a partir de uma perspectiva alemã–com especial referência à tricotomia "existência, validade e eficácia do negócio jurídico"**. Revista Fórum de Direito Civil–RFDC, 2014.

criação do BGB e período pós entrada em vigor do BGB.[210]

---

[210] A primeira etapa é a de antes do BGB. Nesse contexto, as fontes romanas eram confusas e, a partir da pandectística alemã do século XIX é que se começou a sistematizar o Direito. Savigny tem extrema importância nisso, pois foi o jurista que criou o termo equivalente à invalidade, e atribuía o significado de "negação de eficácia". Para ele, negócio jurídico nulo era negócio inexistente. Windscheid refinou a teoria sistemática de Savigny, separando a invalidade da eficácia, embora não com essa nomenclatura. Para o jurista, a divisão era feita em ineficácia em sentido amplo e ineficácia em sentido estrito. Windscheid possui, em sua obra, segundo Jan Peter Shimidt, alguns apontamentos que podem levar ao plano da existência. Mesmo assim, não criou o plano da forma autônoma. Logo, é possível extrair, pelo estudo da doutrina, que os autores alemães já abordavam, ainda que superficialmente, o a existência, porém não como plano em si. A segunda etapa é a do momento de criação do BGB. Durante a elaboração do código, ainda não havia consenso quanto ao conceito de negócio jurídico, e os termos nulo e ineficaz estavam presentes em vários artigos do texto, porém não era certo se havia uma ordem lógica neles. Já na terceira etapa, caracterizada pelo período pós a entrada em vigor do BGB, tinha-se que Leonhard enfatizou as referências de Windscheid, bem como distinguiu negócios jurídicos nulos de negócios jurídicos ineficazes (ou seja, sem serem nulos). Além disso, dizia que as normas relativas à conversão dos negócios jurídicos se aplicavam apenas aos nulos, e não aos ineficazes. Até esse momento, contudo, nenhum dos autores está tratando a existência como um plano. Não bastasse isso, a inexistência do negócio jurídico ainda era considerada dentro do conceito do ineficaz. Segundo Jan Peter Shimidt, foi Pontes de Miranda quem fez com que a teoria da existência ganhasse reconhecimento no negocio jurídico. Diz também que já em 1900 Leonhard e Zitelmann já falavam em distinguir nulo de inexistente, mas somente na segunda metade do século XX ganhou força a ideia de que existência deve ser distinguida da validade e da eficácia do negócio jurídico. Por fim, Jan Peter Shimidt afirma que o jurista Leenen distinguia o negócio jurídico em três aspectos, quais

Há autores que trazem exemplos em que o plano da existência demonstra utilidade. A essa posição adere o presente trabalho.

José Maria Tesheiner aponta o exemplo da sentença não assinada pelo juiz que resulta em

---

sejam: 1) suporte fático, 2) eficácia (que, na verdade, embora o nome possa parecer sugestivo, fazia referência à validade) e 3) efeitos (esse sim é que dizia respeito à eficácia). Assim, nessas obras alemãs, são encontrados os elementos existência, validade e eficácia. Porém, a existência não era plano autônomo. Foi Pontes de Miranda o primeiro jurista quem afirmou ser a existência um plano autônomo. Jan Peter Shimidt diz que colocar a existência como plano autônomo não vai resolver nenhum caso concreto. Trocar o termo nulo por inexistente também não resolverá nenhum caso. Segundo o jurista, a qualidade do direito se define em sua capacidade para solucionar casos concretos, e não apenas em focar na pureza dogmática. A questão é se a separação é útil ou não. Jan Peter Shimidt diz que a utilidade do plano da existência está no valor didático. Já a separação entre validade e eficácia tem várias utilidades práticas, como, por exemplo, a do testamento válido mas ineficaz. Assim, serviria o plano da existência exclusivamente para cunhos de ensinar a teoria, de forma que seria uma ferramenta de abstração. O autor ainda diz que dar autonomia ao plano da existência não possui utilidade prática, pois o juiz não vai querer saber se o contrato é existente, mas está focado apenas na consequência jurídica disso. Ele sugere que haja apenas uma "lista de controle" chamada de requisitos de eficácia do negócio. Assim, conclui que o caráter de tricotomia é meramente descritivo, ajuda no entendimento, mas não explica os fundamentos. O plano da existência é útil quando utilizado para separar os requisitos de fato dos requisitos legais do negócio jurídico. Assim, não deveria ser autônomo o plano da existência simplesmente por não possuir relevância prática. SCHMIDT, Jan Peter. **Vida e obra de Pontes de Miranda a partir de uma perspectiva alemã–com especial referência à tricotomia "existência, validade e eficácia do negócio jurídico"**. Revista Fórum de Direito Civil–RFDC, 2014. P. 5-15.

penhora de bens. A sentença é inexistente. Porém, mesmo sendo inexistente, qual será a consequência prática? O que vai ser feito com ela? O referido jurista também traz o exemplo dos atos praticados sem procuração, que são considerados inexistentes se não forem ratificados. A questão é como se pode ratificar algo que é inexistente?[211] Logo, tratar o plano da existência como plano autônomo não resolveria nenhum problema e, ainda, complicaria a solução prática.

João Victor Longi e Marco Aurélio Nogueira dizem que o legislador valora certos atos e, em razão disso, criam a previsão legal. A partir disso, quando não desejam que determinada conduta se realize, utilizam o plano da existência para alegar a inexistência.[212]

---

[211] TESHEINER, José Maria Rosa; BAGGIO, Lucas Pereira. **Não Existe "Mundo Jurídico" Paralelo ao Mundo Fático.** 2004. Disponível em: http://www.tex.pro.br/home/artigos/108-artigos-out-2004/5205-nao-existe- mundo-juridico-paralelo-ao-mundo-fatico.

[212] LONGHI, João Victor Rozatti; NOGUEIRA, Marco Aurélio. **Teoria do fato jurídico: considerações sobre a doutrina da inexistência à luz da metodologia civil-constitucional.** REVISTA DA FACULDADE DE DIREITO- UFU, v. 44, n. 2. P. 12.

Francisco Sabadin Medina afirma que o plano da existência possui sua importância, apesar de o Código Civil não o ter adotado, bem como apesar de reconhecer que grande parte da doutrina não o reconhece, pelo menos expressamente. Contudo, afirma também que o Código Civil não rejeitou expressamente o plano da existência.[213]

Passa-se a analisar os elementos de existência de um contrato em *smart contract*. Para isso, é importante retomar o conceito de contrato anteriormente abordado, ou seja, o de contrato como negócio jurídico bilateral visando a criação, extinção e modificação de direitos e deveres entre as partes.[214]

Logo, tendo em vista o conceito de contrato, é de suma importância também frisar a lição trazida por Ricardo Lorenzetti acerca do contrato eletrônico. Segundo Lorenzetti, o contrato eletrônico não deixa de

---

[213] MEDINA, Francisco Sabadin. **O negócio jurídico inexistente e o plano da existência: são eles categorias precisas na análise dos negócios jurídicos?** Revista de Direito Privado. V. 71. 2016. p. 179-222.

[214] Faz-se referência ao conceito de contrato extraído de Orlando Gomes, tratado mais especificamente em páginas anteriores. GOMES, Orlando. **Contratos**. Atualizadores Antonio Junqueira de Azevedo e Francisco Paulo de Crescenzo Marino. Forense: 2007.

ser um contrato, mas apenas é conceituado como eletrônico em razão do meio eletrônico através do qual ocorre sua celebração entre as partes.[215]

Logo, o meio pelo qual o contrato é celebrado não é o que o caracteriza como contrato ou como qualquer outro instituto jurídico, mas sim seus elementos de existência.

Dessa forma, considerando que os *smart contracts* são também contratos eletrônicos, porém com características adicionais, tais como a automatização do cumprimento de obrigações e o registro em *blockchain*, seus elementos de existência são os mesmos requisitos de existência de qualquer contrato. O principal elemento de existência é, portanto a manifestação de vontade das partes.

Não se pode negar que, ainda que o *smart contract* tenha a execução de forma automática, sua formação exige a manifestação de vontade das partes.

---

[215] LORENZETTI, Ricardo L. **Comércio Eletrônico**. Tradução de Fabiano Menke. São Paulo: Revista dos Tribunais, 2004. p. 285.

Alguns juristas [216] poderiam contestar dizendo que muitos *smart contracts* são formados sem que exista a manifestação de vontade.[217]

O debate acerca da manifestação de vontade e formação do contrato em meios eletrônicos ficou bastante marcado com a discussão entre Natalino Irti e Giorgio Oppo. A questão crucial do debate foi que Natalino Irti entendia que, em razão da progressiva diminuição da vontade expressa e do diálogo, o que foi levando ao aumento de transações sem contato entre as partes, haveria o tempo em que seria inexistente a manifestação das partes, o que se perceberia em contratos eletrônicos.[218]

---

[216] Nesse sentido, Ricardo Lorenzetti reforça que há muita dificuldade em tentar atribuir a manifestação de vontade quando o sistema jurídico está acostumado a unir a declaração de vontade a uma pessoa física. LORENZETTI, Ricardo L. **Comércio Eletrônico**. Tradução de Fabiano Menke. São Paulo: Revista dos Tribunais, 2004. P. 274.

[217] Discussão parecida é encontrada no que tange à qualificação como contrato dos negócios jurídicos celebrados por máquinas de inteligência artificial. Para compreender melhor, vide: BALCONI, Lucas Ruiz; ZARELLI, Renata Calheiros; MORETI, Mariana Piovezani. **Do uso da inteligência artificial nos contratos e seus (d)efeitos.** Revista de Direito Privado, V. 86. 2018. p. 87-103.

218 IRTI, Natalino. **Scambi senza accordo**. In Riv. trim. dir. proc. civ (Vol. 347).

No entanto, Giorgio Oppo rebateu a questão afirmando que, por mais que não fosse percebida a manifestação ou o diálogo das partes, ainda assim havia contrato na relação. Segundo Giorgio Oppo, o diálogo entre as partes não é um requisito essencial para que se considere a existência ou não de uma relação contratual.[219]

Quanto à validade dos *smart contracts*, é importante destacar que seus requisitos de validade serão os mesmos requisitos de validade dos contratos em geral, ou seja, os requisitos de validade previstos no Código Civil, quais sejam: capacidade das partes, objeto lícito, possível, determinado ou determinável e forma prescrita ou não defesa em lei.

Quanto à forma dos *smart contracts*, serão abordadas adiante algumas consequências jurídicas.

Já os fatores de eficácia dos *smart contracts* também são os fatores de eficácia dos contratos em geral, haja vista que não há qualquer norma própria para *smart contracts* que os tornem diferentes dos demais contratos quanto à eficácia. Os mais

---

219 OPPO, Giorgio. **Disumanizzazione del contratto**. Riv. dir. civ, 525. 1998.

conhecidos fatores de eficácia são a condição, o termo e o encargo.

A fim de retomar brevemente esses fatores de eficácia, tem-se a condição como o evento futuro e incerto. Ou seja, é necessário que a condição seja implementada para que o contrato produza seus efeitos.

Já o termo é o elemento que consiste em evento futuro, porém certo. Em outras palavras, é o elemento que é de conhecimento das partes de que ocorrerá, porém o contrato somente produzirá efeitos quando de fato for constatada essa ocorrência.

O encargo é um ônus que precisa ser suportado por uma das partes para que o contrato produza efeitos. Um exemplo bastante comum de encargo é o verificado na doação com encargo. Nesse tipo de contrato, o donatário, para que a doação não seja desfeita, precisa cumprir o que foi estipulado pelo doador como, por exemplo, somente utilizar o bem doado para determinado fim.

É interessante notar que, conforme observado por Alexander Savelyev, os *smart contracts* somente realizarão a execução automática quando preenchidos os requisitos previamente programados para tanto na linguagem do contrato. Por esse motivo, Savelyev entende que todos os *smart contracts* são, em verdade, contratos pendentes a condição suspensiva.[220]

Vale lembrar que a condição suspensiva é aquela que precisa ser implementada para que o contrato passe a produzir efeitos. Nesse sentido, considerando que a execução automática do *smart contract* somente ocorrerá quando as condições para a execução forem implementadas, faz sentido o pensamento de Alexander Savelyev de que sejam contratos pendentes de condição suspensiva.

---

[220] SAVELYEV, Alexander. **Contract Law 2.0: Smart contracts as the beginning of the end of classic contract law.** Information and Communications Technology Law. Vol. 26, n.2, p. 116-134, jan-abr. 2017. Disponível em: http://www.tandfonline.com/doi/full/10.1080/13600834.2017.1301 036. p. 12.

CAPÍTULO 2 – *SMART CONTRACTS:* DESAFIOS A SEREM ENFRENTADOS

Ivar Timmer ressalta os movimentos das três eras ou fases da tecnologia legal, a qual é comumente conhecida como *Legal Tech*. A primeira fase é a chamada *Legal Tech* 1.0, que se caracteriza pela digitalização da informação legal. Ou seja, o que antes era analógico passa a ser digital com o advento da era *Legal Tech* 1.0.[221]

A *Legal Tech* 1.0 foi responsável por permitir que os profissionais do Direito pesquisassem e trabalhassem mais rapidamente, sem, contudo, alterar drasticamente ou substituir a sua forma de trabalho. A *Legal Tech* 1.0 é considerada já assimilada pelos operadores do Direito.[222]

Já na *Legal Tech* 2.0, a segunda fase, ocorre a substituição das atividades humanas pela

---

[221] TIMMER, Ivar. **Contract automation: experiences from dutch legal practice**. in: Legal Tech, Smart Contracts and Blockchain. Springer, 2019. p. 167.

[222] TIMMER, Ivar. **Contract automation: experiences from dutch legal practice**. in: Legal Tech, Smart Contracts and Blockchain. Springer, 2019. p. 167.

tecnologia. Pertencente a essa fase, é citado o exemplo da aprendizagem de máquina, que tem permitido que sistemas substituam seres humanos no que diz respeito à revisão de documentos. Nessa fase, já existem *smart contracts* sendo utilizados, porém em pequena escala.[223]

Na era da *Legal Tech* 3.0, a perspectiva de mudanças é muito mais radical. Nessa era, haverá estatutos escritos totalmente em linguagem de programação, ou pelo menos escritos de forma que seu conteúdo possa ser convertido tanto em linguagem humana quanto em linguagem de programação. Nessa era é que haverá a utilização de *smart contracts* em maior escala.[224]

Ivar Timmer realizou o estudo de *smart contracts* na experiência holandesa, haja vista que entendeu que os holandeses são os mais avançados na área até o momento. Em seu estudo, concluiu que estão atualmente na era da *Legal Tech* 2.0, havendo

[223] TIMMER, Ivar. **Contract automation: experiences from dutch legal practice.** in: Legal Tech, Smart Contracts and Blockchain. Springer, 2019. p. 168.

[224] TIMMER, Ivar. **Contract automation: experiences from dutch legal practice.** in: Legal Tech, Smart Contracts and Blockchain. Springer, 2019. p. 168.

ainda muitas migrações da *Legal Tech* 1.0 para a *Legal Tech* 2.0. Não bastasse isso, o governo holandês também é bastante ativo em experimentos que envolvam *blockchain*.[225]

Sabe-se que, conforme foi visto, os contratos, em regra, não exigem forma específica para que sejam celebrados. Sabe-se, ainda, que, com o crescimento do comércio eletrônico, muitos contratos passaram a ser celebrados pela internet.

Ocorre que os contratos inteligentes não se tratam simplesmente de contratos celebrados pela internet, mas sim de contratos capazes de se autoexecutar ao estarem preenchidas as condições previamente estipuladas quando de sua celebração. Logo, considerando que esses contratos conterão, em regra, até mesmo linguagens de programação, faz-se necessário entender se a forma como são celebrados é lícita.

Ricardo Lorenzetti ressalta que aquele que utiliza determinado meio eletrônico, transparecendo

---

[225] TIMMER, Ivar. **Contract automation: experiences from dutch legal practice**. in: Legal Tech, Smart Contracts and Blockchain. Springer, 2019. p. 169.

que esse reflete seus interesses negociais, arca com os ônus e riscos do negócio contratado. [226] Essa responsabilidade está justificada na necessidade de eficiência dos meios eletrônicos de contratação e na presunção de que as partes adotam métodos seguros de prevenção contra atos fraudulentos em relação a seus negócios jurídicos.[227]

A teoria geral dos contratos, bem como o art. 107 do Código Civil, lecionam que só haverá forma específica para algum contrato quando a lei expressamente a prever. Orlando Gomes ressalta que o contrato somente será inválido caso sua forma seja substância do próprio contrato.[228] Por esse motivo, é da liberdade das partes que formulem contratos, podendo, inclusive, inserir linguagens de programação, desde que seja de comum acordo entre os

[226] LORENZETTI, Ricardo L. **Comércio Eletrônico**. Tradução de Fabiano Menke. São Paulo: Revista dos Tribunais, 2004. P. 293.

[227] LORENZETTI, Ricardo L. **Comércio Eletrônico**. Tradução de Fabiano Menke. São Paulo: Revista dos Tribunais, 2004. Pp. 293-294.

[228] GOMES, Orlando. **Contratos**. Atualizada por Humberto Theodoro Júnior. Rio de Janeiro: Forense, 2000. P 62

contratantes, bem como não atente contra a ordem pública.

Ademais, como foi tratado, os contratos estão submetidos à teoria geral do negócio jurídico, visto que são espécies desse. Logo, os elementos de fato para que ele exista (ou seja, os elementos que preenchem o suporte fático, causando a incidência da norma jurídica, na linguagem de Antônio Junqueira de Azevedo)[229], devem estar presentes. Faltando um dos elementos essenciais, o negócio jurídico sequer existe.[230] Em um contrato inteligente de compra e venda, por exemplo, inexistindo o objeto da compra, não existe o negócio.

Além disso, o negócio jurídico, para que seja válido, deve possuir os requisitos de validade, quais sejam: agentes capazes, forma prescrita ou não defesa e objeto lícito, possível, determinado ou determinável. Esses requisitos, diferentemente dos elementos do plano da existência, são pressupostos qualitativos, que

---

[229] AZEVEDO, Antonio Junqueira de. **Negócio Jurídico: existência, validade e eficácia**. 4ª ed. De acordo com o novo Código Civil. São Paulo: Saraiva, 2002. P 23

[230] AZEVEDO, Antonio Junqueira de. **Negócio Jurídico: existência, validade e eficácia**. 4ª ed. De acordo com o novo Código Civil. São Paulo: Saraiva, 2002. P 26

não interferem na existência do negócio jurídico, porém influenciam em sua validade.[231]

Os contratos inteligentes, por serem contratos, não escapam da análise no plano da validade, podendo, inclusive, serem considerados inválidos caso não contenham algum dos requisitos. Nesse aspecto, a estrutura de *blockchain* causa certo transtorno, tendo em vista que uma de suas características é a dificuldade de alteração de dados nela registrados (é isso o que garante a segurança e a confiabilidade).

Por fim, há os fatores de eficácia do negócio jurídico, ou seja, aqueles que influenciam quanto à produção de efeitos, sendo os mais conhecidos a condição, o termo e o encargo. [232] Os contratos inteligentes, considerando sua característica de autoexecutoriedade, muito se utilizam de fatores de eficácia, pois são esses que, após preenchidos, darão início aos efeitos automáticos do contrato. Logo, é de

---

[231] AZEVEDO, Antonio Junqueira de. **Negócio Jurídico: existência, validade e eficácia.** 4ª ed. De acordo com o novo Código Civil. São Paulo: Saraiva, 2002. P. 42

[232] AZEVEDO, Antonio Junqueira de. **Negócio Jurídico: existência, validade e eficácia**. 4ª ed. De acordo com o novo Código Civil. São Paulo: Saraiva, 2002. Pp. 55-57

extrema importância a análise do plano da eficácia aplicado aos contratos inteligentes, o que foi realizado em capítulo anterior.

Há, ainda, outra questão relevante quanto aos contratos inteligentes: o distrato. Venosa ressalta a possibilidade de que o distrato ocorra por forma exigida pelo contrato principal, mas que, de preferência, seja escrito para que seu valor probatório seja maior, principalmente em contratos complexos.[233] Segundo Pontes de Miranda, o distrato é um novo contrato que altera a vontade contida no contrato antigo (modificando-o ou o extinguindo).[234]

Os contratos inteligentes, após programados e inseridos na estrutura *blockchain*, são imutáveis, pois, uma vez registrados, os dados tornam-se inalteráveis.[235] Logo, apresentam empecilho à

---

[233] VENOSA, Silvio de Salvo. **Direito civil: teoria geral das obrigações e teoria geral dos contratos**, volume II, 5ª. Edição, São Paulo, 2005. Pp 545-546

[234] PONTES DE MIRANDA. **Tratado de Direito Privado. Tomo III – Negócios Jurídicos**. São Paulo, Revista dos Tribunais, 2012. Pp 301-302.

[235] GONÇALVES, Pedro Vilela Resende; CAMARGOS, Rafael Coutinho. **Blockchain, smart contracts e 'judge as a service' no direito brasileiro**. Governança das redes

realização do distrato, e por esse motivo precisam ser estudadas as formas de celebração de distrato em contratos inteligentes.

Outro ponto importante, que aparentemente poderia obstar a legalidade dos *smart contracts,* a se ressaltar é a questão da revisão ou resolução dos contratos inteligentes por onerosidade excessiva. O art. 478 do Código Civil estabelece condições para que seja possível a resolução por onerosidade excessiva, embora a doutrina também defenda a possibilidade de revisão[236].

A presente questão se faz polêmica em razão de que os contratos inteligentes possuem a característica de imutabilidade, o que poderia impedir a revisão de determinado contrato quando ocorresse algum fato superveniente que causasse excessiva

---

e o Marco Civil da Internet, p. 207. Disponível em: http://irisbh.com.br/wp-content/uploads/2017/09/Anais-II-Semin%C3%A1rio-Governan%C3%A7a-das-Redes-e-o-Marco-Civil-da-Internet.pdf#page=207.

[236] DIAS, Lucia Ancona Lopez de Magalhães. **Onerosidade excessiva e revisão contratual no direito privado brasileiro**. Fundamentos e princípios dos contratos empresariais. FGV, 2009. P 384. Observar, ainda, o teor do art. 479 do Código Civil: "Art. 479. A resolução poderá ser evitada, oferecendo-se o réu a modificar eqüitativamente as condições do contrato."

onerosidade a uma das partes e extrema vantagem para a outra, embora se ressalte que a doutrina também defende que não necessariamente é preciso existir esse último requisito.[237] Não permitir a revisão do contrato inteligente nessa hipótese poderia atentar contra o princípio do equilíbrio econômico.

Quanto à função social do contrato, Junqueira de Azevedo ressalta sua importância conceitual como eficácia do contrato perante terceiros[238]. Assim, a função social do contrato atuaria de forma a garantir que os efeitos do contrato, os quais foram desejados pelas partes, sejam respeitados pelos terceiros, bem como que esses não atuem de forma a impedir a aplicação desses efeitos.

Gerson Branco também ressalta que a função social do contrato está em garantir a liberdade

---

[237] DIAS, Lucia Ancona Lopez de Magalhães. **Onerosidade excessiva e revisão contratual no direito privado brasileiro. Fundamentos e princípios dos contratos empresariais**. FGV, 2009. P 385.

[238] AZEVEDO, Antônio Junqueira de. **Princípios do novo direito contratual e desregulamentação do mercado– direito de exclusividade nas relações contratuais de fornecimento–função social do contrato e responsabilidade aquiliana do terceiro que contribui para inadimplemento contratual.** Revista dos Tribunais, v. 750, p. 113-120, 1998.

das partes em contratar, e não em desempenhar um papel social propriamente dito. [239] Nesse aspecto, o contrato inteligente vem a cumprir excelente papel no que diz respeito à função social, visto que, uma vez registrado em *blockchain,* torna-se público, bem como não permite que terceiros criem obstáculos ao seu cumprimento.

Não se deve esquecer, também, do que afirma Clóvis do Couto e Silva, que a obrigação é um processo que tende ao adimplemento e, durante esse processo, surgem deveres anexos[240] oriundos da boa-fé.[241] Nos contratos inteligentes, por serem contratos, a boa-fé objetiva continua sendo um princípio norteador, de forma a criar deveres anexos entre as partes, de modo a orientar na interpretação e a criar limites ao abuso do direito.

---

[239] BRANCO, Gerson Luiz Carlos. **Solidariedade social e socialidade na disciplina da liberdade contratual.** Disponível em: http://www.cidp.pt/publicacoes/revistas/ridb/2012/01/2012_01_01 13_0141.pdf. P. 136.

[240] COUTO E SILVA, Clóvis V. do. **Obrigação Como Processo**, a. FGV Editora, 2006. Pp. 91-95 e 169.

[241] MARTINS-COSTA, Judith. **A boa-fé no direito privado: critérios para sua aplicação.** São Paulo. Marcial Pons, 2015. p. 219 ss.

Considerando o exposto, esta segunda parte do trabalho tratará acerca dos desafios a serem enfrentados pelos *smart contracts* considerando o ordenamento jurídico atual. Para tanto, serão analisados, na prática, exemplos de situações em que são evidenciados problemas jurídicos os quais necessitarão serem sanados.

Contudo, não seria possível esgotar, em uma dissertação, todos os elementos jurídicos necessários os quais devem ser estudados para que seja possível o melhor entendimento e melhor aplicação dos *smart contracts*. Ainda, algumas consequências não são necessariamente jurídicas, porém exercem forte impacto no que diz respeito à aplicação prática desses contratos. Por esse motivo, optou-se por trazer aqueles elementos que, no entendimento do autor do presente trabalho, trazem as maiores consequências, conforme será demonstrado.

2.1 A LINGUAGEM DE PROGRAMAÇÃO COMO FORMA PARA OS CONTRATOS

Em capítulo específico, foi verificado que, em razão da inexistência de uma forma específica para os contratos em geral, salvo as exceções previstas expressamente, não seria essa um impeditivo aos *smart contracts*. Ou seja, não serão invalidados os *smart contracts* por motivo de conterem cláusulas escritas em linguagem de programação.

Ainda nesse sentido, Alexander Savelyev lembra que os contratos clássicos podem existir de várias formas, como, por exemplo em forma oral ou por escrito, e ainda assim haverá contrato. Lembra, ainda, que o comércio eletrônico exerceu forte influência no aumento de contratos assinados em forma eletrônica, muitas vezes apenas por sequências de cliques.[242]

A diferença para Savelyev é que, nos contratos eletrônicos, ainda assim existirá uma "papelada" clássica identificável em recibos, certificados de entrega etc. [243]Até mesmo o contrato

---

[242] SAVELYEV, Alexander. **Contract Law 2.0: Smart contracts as the beginning of the end of classic contract law.** Information and Communications Technolo-gy Law. Vol. 26, n.2, p. 116-134, jan-abr. 2017. Disponível em: http://www.tandfonline.com/doi/full/10.1080/13600834.2017.1301 036. p. 10.

[243] Savelyev também lembra o ensinamento de Lessig sobre o código ser lei. Ressalta a importância de que a liberdade contratual permite que as partes celebrem contratos por meio de *smart contracts*. Haveria, inclusive, uma natureza dupla

existirá em forma escrita, ainda que em meio eletrônico.

Porém, o fato de que não sofrerão as sanções do regime das invalidades não significa que não há desafios a serem superados em razão da forma. Há de se superar o desafio que advém da compreensão da linguagem de programação.

Os operadores do direito não possuem o costume de redigir contratos utilizando linguagens de programação, porém, para a melhor assimilação do significado das cláusulas de *smart contracts*, tal conhecimento passará a ser necessário, haja vista que, sem ele, os operadores sofrerão as consequências da falta de conhecimento dos próprios efeitos contratuais.

Rory Unsworth ressalta uma profunda necessidade de adaptação aos contratos redigidos em

---

nesses contratos, tendo em vista que, além de serem contratos, também podem ser considerados como programas de computador e, em razão disso, ser protegidos por leis de propriedade intelectual. SAVELYEV, Alexander. **Contract Law 2.0: Smart contracts as the beginning of the end of classic contract law.** Information and Communications Technolo-gy Law. Vol. 26, n.2, p. 116-134, jan-abr. 2017. Disponível em: http://www.tandfonline.com/doi/full/10.1080/13600834.2017.1301 036. p. 10.

linguagem de programação, haja vista que, quando há algum problema de interpretação ou de cumprimento em um contrato tradicional, ou seja, redigido em texto de linguagem humana, a parte interessada é capaz de se apossar do texto do contrato para que possa ela mesma buscar o entendimento. Contudo, no momento em que o contrato é redigido em código de programação, essa tarefa torna-se muito mais difícil.[244]

As mudanças trazidas pela adoção da linguagem de programação na redação dos contratos também são outras. Samuel Bourque e Sara Fung Ling Tsui ressaltam que será necessário educar uma nova geração de testemunhas e, até mesmo, especialistas forenses para que forneçam melhores explicações acerca dos dados dos *smart contracts*.[245]

Visando estimular que os operadores do Direito busquem adequar-se a essa nova linguagem de

---

[244] UNSWORTH, Rory. **Smart contracts this! An assessment of the contractual landscape and the herculean challenges it currently presents for "self-executing" contracts**. in: Legal Tech, Smart Contracts and Blockchain. Springer, 2019. p. 67.

[245] BOURQUE, Samuel; TSUI, Sara Fung Ling. **A Lawyer's introduction to smart contracts**. Scientia Nobolitat. The Republic of Poland, 2004. Disponível em: https://github.com/joequant/scms/blob/master/doc/pdfs/A%20Lawyer's%20Introduction%20to%20Smart%20Contracts.pdf. p. 12.

redação nos contratos, Rory Unsworth ainda menciona o livro Mindset, de Carol Dweck. Esse livro traz a ideia de que existem dois tipos básicos de mentalidade: a mentalidade fixa e a mentalidade de crescimento.[246]

O profissional de mentalidade fixa é aquele que acredita que seu nível de inteligência e suas habilidades são fixas e imutáveis. Um advogado preso em mentalidade fixa, ao enfrentar um problema que envolva lógica, tal como uma linguagem de programação, apenas diria "sou advogado", de forma a se esquivar do desafio.[247]

Por outro lado, o profissional que possua mentalidade de crescimento tenderá a acreditar no conceito de desenvolvimento constante e será capaz de valorizar os benefícios que cada experiência traz a ele, de forma que buscará sempre pelas oportunidades geradas a partir dos acontecimentos. Por esse motivo,

---

[246] UNSWORTH, Rory. **Smart contracts this! An assessment of the contractual landscape and the herculean challenges it currently presents for "self-executing" contracts**. in: Legal Tech, Smart Contracts and Blockchain. Springer, 2019. p. 68.

[247] UNSWORTH, Rory. **Smart contracts this! An assessment of the contractual landscape and the herculean challenges it currently presents for "self-executing" contracts**. in: Legal Tech, Smart Contracts and Blockchain. Springer, 2019. p. 68.

Rory Unsworth diz que a mentalidade de crescimento é a que deve ser adotada para que os operadores encarem os *smart contracts*, de forma a utilizar as oportunidades disponíveis para desenvolver seu conhecimento e, com isso, aprimorar suas habilidades como operadores do Direito. Ressalta, ainda, que a mentalidade fixa é responsável, em parte, pelo atraso da implementação de *smart contracts* na sociedade.[248]

Marcelo Corrales, Paulius Jurcys e George Kousiouris dizem que um dos principais desafios dos *smart contracts* será traduzir os fatos do mundo físico para o código digital. Segundo eles, há uma questão crucial em como traduzir opções técnicas em um acordo.[249]

Por esse motivo, afirmam que essa é uma razão para que os advogados aprendam a

---

[248] UNSWORTH, Rory. **Smart contracts this! An assessment of the contractual landscape and the herculean challenges it currently presents for "self-executing" contracts**. in: Legal Tech, Smart Contracts and Blockchain. Springer, 2019. p. 68.

[249] CORRALES, Marcelo; JURCYS, Paulius; KOUSIOURIS, George. **Smart contracts and smart disclosure: coding a GDPR compliance framework**. in: Legal Tech, Smart Contracts and Blockchain. Springer, 2019. p. 200.

codificar. [250] Porém, Marcelo Corrales, Paulius Jurcys e George Kousiouris entendem que a redação dos contratos em linguagem de programação é uma tarefa que levará certo tempo aos operadores do direito. Assim, sugerem a utilização do pseudocódigo.[251]

Pseudocódigo é uma maneira bastante eficiente para se escrever e projetar o software antes que o mesmo seja de fato codificado. Pode ser descrito como uma representação da estrutura da programação, mas sem que haja programação. É como se o operador estivesse fazendo o esboço do que será programado posteriormente, mas sem realizar qualquer codificação. E isso pode ser realizado em linguagem humana.[252]

---

[250] CORRALES, Marcelo; JURCYS, Paulius; KOUSIOURIS, George. **Smart contracts and smart disclosure: coding a GDPR compliance framework**. in: Legal Tech, Smart Contracts and Blockchain. Springer, 2019. p. 200.

[251] CORRALES, Marcelo; JURCYS, Paulius; KOUSIOURIS, George. **Smart contracts and smart disclosure: coding a GDPR compliance framework**. in: Legal Tech, Smart Contracts and Blockchain. Springer, 2019. p. 200.

[252] CORRALES, Marcelo; JURCYS, Paulius; KOUSIOURIS, George. **Smart contracts and smart disclosure: coding a GDPR compliance framework**. in: Legal Tech, Smart Contracts and Blockchain. Springer, 2019. p. 211.

O pseudocódigo também seria eficiente na educação prévia ao ensino da redação de cláusulas em linguagem de programação. Em outras palavras, o operador do direito que estivesse aprendendo a redigir cláusulas em linguagem de programação assimilaria melhor as noções de programação caso já estivesse acostumado a redigir contratos por meio de pseudocódigo.

Por esse motivo, ou seja, por ser possível esboçar o código utilizando a linguagem humana, é que apresentam o pseudocódigo como uma solução intermediária entre os contratos escritos em linguagem humana e os *smart contracts* escritos totalmente em linguagem de programação. Frisam, ainda, que os *smart contracts* são componentes essenciais da tecnologia da próxima geração.[253]

---

[253] Os autores também focaram seu estudo na elaboração do pseudocódigo de forma que estivesse condizente com a regulação de proteção de dados da União Europeia, a chamada GDPR. Entendem que há maneiras de criar os formulários do contrato de forma que a regulação seja respeitada. CORRALES, Marcelo; JURCYS, Paulius; KOUSIOURIS, George. **Smart contracts and smart disclosure: coding a GDPR compliance framework**. in: Legal Tech, Smart Contracts and Blockchain. Springer, 2019. p. 224.

Também deve ser considerada a ideia de que, ainda que as partes concordem em redigir o contrato em linguagem de programação, seria possível que, no decorrer da redação do contrato, fosse inserido algum código que as partes não desejassem. Nessa situação, seria importante definir quais medidas devem ser tomadas.

Alexander Savelyev trata rapidamente do tema. Segundo ele, o fato de que as partes possam ser leigas em redação de código de programação pode fazer com que contratem empresas terceirizadas para tanto. Logo, o fato de que um terceiro elaborará as cláusulas em linguagem de programação pode causar mal entendidos entre a vontade das partes e o que de fato está programado no contrato.[254]

Savelyev destaca que, caso ocorram esses tipos de erros, eventuais terceiros que aceitem os termos desses contratos e, em razão disso, acabem

---

[254] SAVELYEV, Alexander. **Contract Law 2.0: Smart contracts as the beginning of the end of classic contract law.** Information and Communications Technolo-gy Law. Vol. 26, n.2, p. 116-134, jan-abr. 2017. Disponível em: http://www.tandfonline.com/doi/full/10.1080/13600834.2017.1301036. p. 12.

também se tornando partes de um *smart contract,* não deveriam ser afetados por esses erros. Ainda, podem também ocorrer os chamados *bugs* no contrato, ou seja, falhas na execução do código devido a erros na programação.[255]

Outra mudança interessante que a linguagem de programação poderá trazer será quanto ao aspecto visual dos *smart contracts.* Em um contrato tradicional, por exemplo, normalmente existe uma organização visual das cláusulas a fim de permitir uma melhor leitura e compreensão do contrato como um todo. Para os *smart contracts* não será diferente. Ademais, talvez essa necessidade seja ainda maior em razão dos desafios de sua linguagem de código.

Nesse sentido, Helena Haapio, Mark Fenwick e Marcelo Corrales destacam a importância de uma nova área de estudo: o chamado *Legal Design.* Segundo esses autores, o *Legal Design* consistiria no estudo de técnicas que permitissem que os contratos,

---

[255] SAVELYEV, Alexander. **Contract Law 2.0: Smart contracts as the beginning of the end of classic contract law.** Information and Communications Technolo-gy Law. Vol. 26, n.2, p. 116-134, jan-abr. 2017. Disponível em: http://www.tandfonline.com/doi/full/10.1080/13600834.2017.1301036. p. 12.

principalmente os *smart contracts*, tornem-se visualmente mais atraentes àqueles que o utilizam.[256]

Poderiam surgir dúvidas acerca dos limites e requisitos para as técnicas de Legal Design utilizadas. Porém, os autores supra afirmam que, na maioria das jurisdições, esse formato não implicaria na invalidade dos contratos, haja vista que não há óbice em se escolher formas visuais mais atraentes aos usuários dos contratos.[257] Nesse sentido dizem:

> "Diferentes jurisdições possuem diferentes requisitos de validade para os contratos. Porém, as partes têm a liberdade de escolher a forma dos contratos, com exceção daquelas em que a própria lei exige forma específica. Nada impede, porém, que as partes optem por formas visuais ou interfaces mais amigáveis em seus contratos, tais

---

[256] CORRALES, Marcelo; FENWICK, Mark; HAAPIO, Helena. **Digital Technologies, Legal Design and the Future of the Legal Profession**. in: Legal Tech, Smart Contracts and Blockchain. Springer, 2019. p. 7.

[257] CORRALES, Marcelo; FENWICK, Mark; HAAPIO, Helena. **Digital Technologies, Legal Design and the Future of the Legal Profession**. in: Legal Tech, Smart Contracts and Blockchain. Springer, 2019. p. 8.

como vídeos, aúdios e imagens. Exemplo disso é o que vem acontecendo com as *Creative Commons licences.*"[258]

Acredita-se, portanto, que a utilização de recursos visuais agradáveis e mais intuitivos passarão a ser bastante utilizados na construção de *smart contracts.* Graças a esses recursos, as partes e demais interessados no contato com a redação do contrato terão melhores condições de assimilar seu conteúdo, bem como maior disposição para tanto.

É de se esperar, contudo, que alguns contratos restem impossibilitados de serem formulados em forma totalmente escrita em linguagem de programação. Tais impossibilidades surgem tanto em razão de exigência expressa em lei acerca da forma a ser utilizada, quanto em razão de se caracterizar a abusividade em razão da falta de clareza do contrato.

---

[258] CORRALES, Marcelo; FENWICK, Mark; HAAPIO, Helena. **Digital Technologies, Legal Design and the Future of the Legal Profession**. in: Legal Tech, Smart Contracts and Blockchain. Springer, 2019. p. 8.

Nesse sentido, Cristiano de Souza Zanetti afirma que uma das funções desempenhadas pela forma dos contratos é a função de esclarecimento. Não é por menos que, em algumas legislações específicas, a própria lei traz os elementos que devem constar na forma dos contratos, e isso com a finalidade de proteção à parte mais fraca da relação contratual.[259]

Nesse sentido, Cristiano Zanetti afirma:

"No âmbito do regramento de cunho protecionista, a adoção de forma especial responde à necessidade de garantir ao contratante tutelado a ciência de todas as estipulações que regerão a respectiva relação contratual.

[...]

Não surpreende, pois, que a exigência de forma venha no mais das vezes acompanhada de indicação das cláusulas que sempre deverão constar dos contratos cuja celebração é

---

[259] ZANETTI, Cristiano de Sousa. **A conservação dos contratos nulos por defeito de forma**. Quartier Latin. São Paulo. 2013. p. 210.

disciplinada pela legislação de cunho protecionista."[260]

É por esse motivo que haveria limitações em, por exemplo, celebrar de contratos de consumo redigidos única e exclusivamente em formato de linguagem de programação. Essa também é a opinião de Marina Echebarría Sáenz. Segunda ela, os contratos de consumo, por estarem sob a égide de legislações protecionistas, exigem formas extremamente mais robustas e escritas em linguagem clara ao consumidor, e, por isso, os *smart contracts* enfrentariam barreiras para que fossem celebrados em relações dessa natureza.[261]

Porém, deve-se lembrar de que os *smart contracts* não precisam ser redigidos totalmente em linguagem de programação. Ressaltem-se aqueles contratos denominados *smart contracts* mistos, em que

---

[260] ZANETTI, Cristiano de Sousa. **A conservação dos contratos nulos por defeito de forma**. Quartier Latin. São Paulo. 2013. p. 210-211.

[261] SÁENZ, Marina Echebarría. **Contratos electronicos autoejecutables (smart contract) y pagos con tecnología blockchain**. Universidad de Valladolid. 2017. p. 69-97.

há a mesclagem da linguagem humana com a linguagem de programação.

Por esse motivo, entende-se que seria possível a celebração de contratos inteligentes em relações consumeristas, desde que a linguagem fosse escrita de forma clara e explicadas com clareza as cláusulas escritas em linguagem de programação. A forma em programação não foi proibida, desde que o contrato contenha as informações e a linguagem necessária.

Ainda acerca da forma, também é importante que se faça referência ao chamado princípio da equivalência funcional. Nesse sentido, é por meio da analogia que se faz a transposição entre determinadas regras do mundo escrito para o mundo eletrônico. [262]

Ocorre que, quando essa transposição é efetivada, o que ocorre é a equivalência entre as funções desempenhadas, tanto no mundo escrito quanto no mundo eletrônico. Ou seja, a técnica em si

---

[262] LORENZETTI, Ricardo L. **Comércio Eletrônico**. Tradução de Fabiano Menke. São Paulo: Revista dos Tribunais, 2004. p. 104.

acaba por variar a depender do meio empregado, mas a função permanece a mesma. Portanto, o princípio da equivalência funcional vai perquirir o quanto o meio eletrônico preenche as funções que o mesmo instrumento original desempenha. [263]

Conforme disposto na própria Lei Modelo Uncitral sobre o Comércio Eletrônico, as funções de um documento tradicional escrito em papel seriam: a) permitir que o documento seja legível por todos; b) permitir que o documento não seja alterado ao longo do tempo; c) permitir que o documento possa ser reproduzido para que cada umas das partes tenha em sua posse uma cópia desse; d) permitir a autenticação por meio de uma assinatura e, por fim, e) permitir que o documento seja aceito perante autoridades públicas. A lei modelo referida ainda aponta que os documentos eletrônicos são capazes de garantir essas mesmas funções, e ainda gerar maior grau de confiabilidade e

---

[263] LORENZETTI, Ricardo L. **Comércio Eletrônico**. Tradução de Fabiano Menke. São Paulo: Revista dos Tribunais, 2004. p. 104.

de velocidade na localização e reprodução dos dados.[264]

Logo, sendo os *smart contracts*, na maioria das vezes, capazes de garantir a equivalência funcional dos contratos tradicionais escritos, não estariam eles proibidos de serem celebrados, haja vista que a função do contrato permanece sendo desempenhada.

2.2. NECESSIDADE DE CLÁUSULAS CONTRATUAIS OBJETIVAS PARA A CORRETA INTERPRETAÇÃO E CUMPRIMENTO DOS *SMART CONTRACTS*

A atividade de interpretação do contrato implica em extrair o significado atribuído pelas partes à declaração de vontade que em conjunto expressaram. Em outras palavras, é possível dizer que a declaração é a vontade exteriorizada expressamente.[265]

---

[264] UNCITRAL. **Model Law on Electronic Commerce with Guide to Enactment 1996**. Disponível em: https://uncitral.un.org/sites/uncitral.un.org/files/media-documents/uncitral/en/19-04970_ebook.pdf. p. 20-22.

[265] LÔBO, Paulo. **Direito Civil: Contratos**. São Paulo. Saraiva. 2011. p. 172.

Contudo, para que seja possível interpretar, é necessário que se saiba o que é passível de interpretação jurídica. Nesse sentido, Emilio Betti afirma que somente são passíveis de interpretação aqueles atos dotados da chamada recognoscibilidade objetiva.[266]

Para Betti, a recognoscibilidade objetiva consiste naqueles atos que podem ser externamente reconhecidos pela sociedade. Ou seja, vontades meramente internas e não externadas não são passíveis de interpretação jurídica.[267]

Exemplo disso posse dar dado a partir do art. 110 do Código Civil, o qual trata da reserva mental. Nessa hipótese, a vontade expressa pelas partes ainda produz efeitos, a menos que seja de conhecimento da outra parte a inexistência de vontade para celebração do negócio jurídico.

No Direito, é muito comum o uso de expressões de caráter abstrato e que permitem que, de uma mesma expressão, seja possível extrair mais de

---

[266] BETTI, Emilio. **Teoria geral do negócio jurídico**. Servanda Editora, 2008. p. 245.

[267] BETTI, Emilio. **Teoria geral do negócio jurídico**. Servanda Editora, 2008. p. 245.

uma interpretação de significado.

Ainda, é muito comum no Direito a utilização de princípios, cláusulas gerais e conceitos jurídicos indeterminados, os quais podem não só estar presentes nos textos normativos, mas também estar inseridos nas próprias cláusulas de um contrato.

Ocorre que, por um lado, tais expressões e juízos de valor tornam o Direito uma ciência complexa e que exige maior aprofundamento; por outro lado, uma mesma cláusula contratual pode gerar confusão a um conjunto de operadores do direito, haja vista que cada um deles dará uma interpretação à cláusula.

Uma técnica que pode ser utilizada para a interpretação das cláusulas gerais é a chamada concreção. Isso porque, considerando o nível de vagueza e abstração dessas cláusulas, bem como a necessidade que impõem de valoração pelo intérprete, a mera técnica da subsunção não cumpre o papel necessário na atividade interpretativa.[268]

Ocorre que, em se tratando de contratos

---

[268] MENKE, Fabiano. **A interpretação das cláusulas gerais: a subsunção e a concreção dos conceitos**. Revista Ajuris. 2006. p. 77-79.

inteligentes, não basta que as partes ou um terceiro interpretem corretamente as cláusulas do contrato. É necessário também que o próprio contrato se execute de forma coerente à interpretação dada pelas partes.

É possível dizer, usando a linguagem figurada, que não basta que as partes interpretem corretamente o contrato inteligente: o próprio contrato inteligente precisa ser capaz de se interpretar corretamente.

Ainda, havendo divergência entre as partes quanto à interpretação, um dos resultados da divergência de interpretações reflete diretamente na execução dos contratos, pois a parte que deve efetuar o cumprimento poderá fazê-lo de mais de uma forma, desde que não esteja em desacordo com o credor em relação à interpretação do contrato.

É por esse motivo que os operadores do direito precisarão abandonar certos hábitos quando estiverem elaborando, celebrando ou interpretando *smart contracts*. Um hábito corriqueiro que precisa ser abandonado é o da abstração comum aos operadores.[269]

Não há problema em celebrar contratos com termos abstratos, porém, caso a consequência de determinada cláusula também seja abstrata, o recomendável é que não se utilizem *smart contracts* para essas situações.[270]

Há de se abandonar a expressão "depende", também muito utilizada pelos operadores do direito. Essa utilização acaba por fazer com que os operadores do direito não se atentem às exatas consequências jurídicas de determinado ato.[271]

Por exemplo, quando um cliente pergunta a um advogado se, baseado no contrato que possui, ele

---

[269] UNSWORTH, Rory. **Smart contracts this! An assessment of the contractual landscape and the herculean challenges it currently presents for "self-executing" contracts**. in: Legal Tech, Smart Contracts and Blockchain. Springer, 2019. P. 64.

[270] UNSWORTH, Rory. **Smart contracts this! An assessment of the contractual landscape and the herculean challenges it currently presents for "self-executing" contracts**. in: Legal Tech, Smart Contracts and Blockchain. Springer, 2019. P. 64.

[271] UNSWORTH, Rory. **Smart contracts this! An assessment of the contractual landscape and the herculean challenges it currently presents for "self-executing" contracts**. in: Legal Tech, Smart Contracts and Blockchain. Springer, 2019. P. 65.

poderia tomar determinada atitude, e o advogado responde com "depende", essa resposta gera ainda mais insegurança.[272] Tal insegurança é ainda maior quando se trata de um *smart contract*.

Isso se deve ao fato de que os *smart contracts* são constituídos por cláusulas escritas em linguagem de programação. Nesse tipo de linguagem, extremamente lógica e precisa, não se pode cogitar uma consequência meramente abstrata.

Em *smart contracts*, também não pode haver o "depende" para se saber se determinada cláusula será ou não executada. O sistema de programação é lógico e exato, o que exige que as cláusulas sejam escritas também com exatidão.

Por essa razão é que os operadores do direito precisarão se expressar de forma mais precisa, construindo contratos com ideias organizadas e esquematizadas a fim de permitir que a programação contida nesses contratos atue da maneira mais

---

[272] UNSWORTH, Rory. **Smart contracts this! An assessment of the contractual landscape and the herculean challenges it currently presents for "self-executing" contracts**. in: Legal Tech, Smart Contracts and Blockchain. Springer, 2019. P. 64.

eficiente possível.

Alexander Savelyev destaca que não se deve esquecer de que na linguagem de programação também existem ambiguidades. Contudo, na programação, essas ambiguidades são muito menores do que no mundo real, haja vista que há menos termos que o computador pode reconhecer do que aqueles que um ser humano pode reconhecer.[273]

Alexander Savelyev também aponta que, embora a busca pela vontade comum das partes seja uma das formas de se alcançar a interpretação de cláusulas contratuais, isso não ocorre para *smart contracts*. Isso porque o próprio código é quem fará as vezes de árbitro final do acordo de vontades, pois é ele quem executará o contrato da forma como estiver programada tal execução.[274]

---

[273] SAVELYEV, Alexander. **Contract Law 2.0: Smart contracts as the beginning of the end of classic contract law.** Information and Communications Technolo-gy Law. Vol. 26, n.2, p. 116-134, jan-abr. 2017. Disponível em: http://www.tandfonline.com/doi/full/10.1080/13600834.2017.1301 036. p. 11.

[274] Savelyev destaca também que a própria terceirização da atividade de programar poderá gerar descompassos na interpretação, haja vista que o terceiro contratado para elaborar os termos pode não interpretar o mesmo

Por esse motivo, entendemos que a interpretação de um contrato inteligente está diretamente ligada à execução desse contrato. Com isso, há uma interligação bastante forte entre a interpretação e o plano da eficácia, pois a produção dos efeitos está relacionada à interpretação.

Seria possível questionar o que aconteceria na hipótese de haver divergência entre o que as partes queriam programar e o que efetivamente programaram. Uma das possíveis respostas para a questão seria dizer que, pelo princípio da autorresponsabilidade, as partes teriam de permitir que a automatização ocorresse conforme foi de fato programada.

---

que as partes e, com isso, programar uma execução automática não desejada pelas contratantes originais. SAVELYEV, Alexander. **Contract Law 2.0: Smart contracts as the beginning of the end of classic contract law.** Information and Communications Technolo-gy Law. Vol. 26, n.2, p. 116-134, jan-abr. 2017. Disponível em: http://www.tandfonline.com/doi/full/10.1080/13600834.2017.1301036. p. 12.

2.3 INFLEXIBILIDADE PARA ALTERAÇÃO E SEUS EFEITOS NO PLANO DA EFICÁCIA DOS *SMART CONTRACTS*

Importante característica dos *smart contracts* é a imutabilidade de suas cláusulas inseridas em *blockchain*. Após o registro do contrato em uma *blockchain*, os dados contidos nesse registro são replicados em vários outros "nós".

Por um lado, é a replicação desse registro de forma descentralizada que permite a existência de um considerável grau de segurança à tecnologia. Por outro lado, uma importante consequência da replicação do registro é a imutabilidade do registro.

Ou seja, após registrado o contrato na *blockchain*, ele não se altera mais. E, ainda que se altere, há grandes obstáculos para que isso se efetive.

Stéphano Bruno Santos Divino lembra que uma das problemáticas trazidas pela inflexibilidade para alteração dos *smart contracts* seria no caso, por exemplo, de um *smart contract* que regulasse uma compra e venda. No exemplo, o vendedor e o comprador ajustaram a compra de determinado bem a um determinado preço a ser pago em dinheiro em várias parcelas.[275]

Porém, ocorre que, no decorrer do pagamento, o comprador, diante da impossibilidade de prestar da maneira combinada, ajusta com o vendedor que parte do pagamento seria realizado por dação em pagamento. Não há óbice jurídico quanto à solução adotada pelas partes. O problema é que, caso esse contrato estivesse redigido na forma de um *smart contract*, essa alteração na forma do pagamento não seria realizável.[276]

Nesse sentido, afirma:

> "A flexibilidade de negociação e modificação do cumprimento das obrigações é característica intrínseca das relações negociais. Após iniciado

[275] DIVINO, Sthéfano Bruno Santos. **Smart contracts: conceitos, limitações, aplicabilidade e desafios**. Revista Jurídica Luso-Brasileira, ano 4, 2018, nº 6. Disponível em: http://www.cidp.pt/revistas/rjlb/2018/6/2018_06_2771_2808.pdf. p. 45.

[276] DIVINO, Sthéfano Bruno Santos. **Smart contracts: conceitos, limitações, aplicabilidade e desafios**. Revista Jurídica Luso-Brasileira, ano 4, 2018, nº 6. Disponível em: http://www.cidp.pt/revistas/rjlb/2018/6/2018_06_2771_2808.pdf. p. 45.

seu cumprimento e não taxada essa possibilidade, caso as partes desejassem modificar, incrementá-la em um contrato inteligente despenderiam uma quantidade indescritível de tempo e de recursos econômicos para reescrevê-lo."[277]

É possível, contudo, prever no próprio *smart contracts* determinadas situações em que ele possa ser modificado. Para que isso ocorra, o código de sua programação precisará prever a abertura à alteração.

Seria possível, também, programar o contrato de forma que ele coletasse dados da *blockchain* e, a partir desses dados, fizesse ele mesmo algumas alterações. Dessa forma, embora as partes contratantes estivessem impossibilitadas de alterá-lo de forma unilateral, o próprio sistema de programação o alteraria.

Max Raskin diz que um dos problemas dos *smart contracts* irrevogáveis é que, tendo em vista que as partes não podem elas mesmas revogar, seria

---

[277] DIVINO, Sthéfano Bruno Santos. **Smart contracts: conceitos, limitações, aplicabilidade e desafios**. Revista Jurídica Luso-Brasileira, ano 4, 2018, nº 6. Disponível em: http://www.cidp.pt/revistas/rjlb/2018/6/2018_06_2771_2808.pdf. p. 46.

necessária a força estatal, por meio dos tribunais, para fazer com que os efeitos práticos desses contratos fossem desfeitos.[278]

Exemplo dessa situação seria o caso em que uma lei se modificasse e previsse um prazo específico para a notificação do devedor antes da execução de uma garantia. Se o *smart contract* já existia antes da entrada em vigor da lei e fosse afetado por ela, ele poderia coletar a informação do novo prazo e inseri-la em sua própria programação.

Para que isso ocorresse, seria necessário que a lei também estivesse registrada em *blockchain*, pois seria a fonte de onde o contrato buscaria os dados necessários à sua modificação.

Depois que um contrato inteligente é concluído, sua execução já não depende mais da vontade das partes, sequer da vontade de terceiros. O computador é quem verifica todas as condições e termos do contrato e realiza a execução, por exemplo,

---

[278] RASKIN, Max. **The law and legality of smart contracts**. in: Georgetown Law Technology Review. 2017. V 305. Disponível em https://georgetownlawtechreview.org/wp-content/uploads/2017/05/Raskin-1-GEO.-L.-TECH.-REV.-305-.pdf. p. 328.

transferindo ativos dentro da rede *blockchain*.[279]

A característica de imutabilidade desses contratos também reflete em outra consequência jurídica, qual seja, a impossibilidade do distrato. Ou, caso o contrato seja alterado, apesar da barreira tecnológica, ainda assim o distrato estaria bastante dificultoso.

Nesse sentido, Alexander Savelyev destaca que uma mudança subsequente na intenção das partes é irrelevante para o contrato já concluído. Criado o contrato, ele será executado sem alterações. Isso, por outro lado, de certa forma facilita para que não haja violações por alguma parte mal intencionada, a qual poderia enganar a outra e alterar o contrato sem que aquela percebesse.[280]

---

[279] SAVELYEV, Alexander. **Contract Law 2.0: Smart contracts as the beginning of the end of classic contract law.** Information and Communications Technolo-gy Law. Vol. 26, n.2, p. 116-134, jan-abr. 2017. Disponível em: http://www.tandfonline.com/doi/full/10.1080/13600834.2017.1301036. p. 12.

[280] SAVELYEV, Alexander. **Contract Law 2.0: Smart contracts as the beginning of the end of classic contract law.** Information and Communications Technolo-gy Law. Vol. 26, n.2, p. 116-134, jan-abr. 2017. Disponível em: http://www.tandfonline.com/doi/full/10.1080/13600834.2017.1301036. p. 13.

Rory Unsworth também destaca que haverá questões legais envolvendo os *smart contracts* no que tange à responsabilidade das partes quando o contrato executar, de forma automática, determinada ação que não refletia a vontade das partes. Unsworth diz que, no eventual surgimento de casos como esse, poderá haver aumento de resistência aos *smart contracts*.[281]

Outro ponto importante diz respeito aos contratos celebrados mediante erro, dolo ou coação, previstos nos artigos 138 a 155 do Código Civil. Sabe-se que esse vícios afetam o plano da validade do negócio jurídico, tendo em vista que a parte que manifestou a vontade não a fez querendo, mas sim influenciada.[282]

Contudo, quando um *smart contract* é celebrado mediante um vício de vontade, não há grande impacto no que diz respeito ao cumprimento desse contrato. A programação do contrato é quem

---

[281] UNSWORTH, Rory. **Smart contracts this! An assessment of the contractual landscape and the herculean challenges it currently presents for "self-executing" contracts**. in: Legal Tech, Smart Contracts and Blockchain. Springer, 2019. p. 70.

[282] MELLO, Marcos Bernardes de. **Teoria do fato jurídico: plano da validade**. Saraiva, 2003. p 190 ss.

define o que será executado.

Nesse sentido, para Savelyev, os *smart contracts* que forem celebrados em razão desses vícios não sofrerão nenhum efeito no que tange à sua execução. O contrato realizará exatamente aquilo que foi programado a fazer. Portanto, a única forma de a parte lesada buscar a tutela devida é recorrendo externamente às autoridades ou buscando sua reparação mediante vias externas.[283]

Outra alternativa possível seria regular o próprio código utilizado na criação dos contratos inteligentes, estabelecendo-se parâmetros e princípios a serem adotados em todos os *smart contracts*. Contudo, Lawrence Lessig já afirmava que nenhuma regulação é perfeita, embora tenham um importante papel.[284]

Lawrence Lessig afirma, nesse sentido, que

---

[283] SAVELYEV, Alexander. **Contract Law 2.0: Smart contracts as the beginning of the end of classic contract law.** Information and Communications Technolo-gy Law. Vol. 26, n.2, p. 116-134, jan-abr. 2017. Disponível em: http://www.tandfonline.com/doi/full/10.1080/13600834.2017.1301036. p. 17.

[284] LESSIG, Lawrence. **Code.** V. 2.0. Basic Books, New York. 2006. p. 115.

quando determinada conduta não é regulada, o Estado age e cria a regulação. [285] No exemplo dos *smart contracts*, seria, talvez, o caso de se construírem padrões para que servissem de modelo aos contratos inteligentes em geral.

Logo, caso seja desejado pela parte a anulabilidade do negócio jurídico celebrado, essa não será possível. Contudo, nada impede de recorrer a outras formas externas ao contrato para que diminua ou elimine seu prejuízo.

Isso não é muito diferente do que ocorre com os contratos tradicionais em muitas das vezes. Por exemplo, quando duas partes celebram um contrato mediante o vício de erro, a forma de a parte interessada recuperar seu patrimônio não é simples, haja vista que terá de fazê-lo também por meios externos ao contrato.

---

[285] LESSIG, Lawrence. **Code**. V. 2.0. Basic Books, New York. 2006. p. 117.

CONCLUSÃO

Os *smart contracts* ou contratos inteligentes ainda necessitarão de bastante estudo pela comunidade jurídica acadêmica. Percebe-se que, por mais que se estude o tema, esgotar o assunto ainda é uma tarefa longe de ocorrer.

A presente dissertação buscou analisar a possibilidade jurídica de celebração de contratos inteligentes considerando o ordenamento jurídico brasileiro. Após verificada a possibilidade, teve também por apontar quais seriam os desafios que, até então, esses contratos enfrentam.

Para tanto, primeiramente foi apresentada a tecnologia responsável pela possibilidade técnica de se criarem *smart contracts*, qual seja, a tecnologia chamada de *blockchain*. Foi exposto como se desenvolve o seu funcionamento, bem como quais são as características que fortalecem o alto grau de confiabilidade que possui.

Ainda acerca da tecnologia *blockchain*, foram apresentadas algumas funcionalidades em que a mesma poderia ser empregada de forma a colaborar para com os negócios em geral, bem como foi mostrado que existem várias *blockchains* atualmente, bem como que essas podem existir de forma pública ou de forma privada, a depender da titularidade dos dados que armazena.

A seguir, foi apresentada com maior atenção uma das características presente na tecnologia *blockchain* responsável pelo seu grau de segurança, qual seja, a criptografia assimétrica. Foi verificado, ainda, que a criptografia assimétrica tem a função principal de garantir a inviolabilidade dos dados armazenados em *blockchain*, e não a função principal de garantir a autoria, como poderia ser pensado nas assinaturas de documentos digitais.

Posteriormente, buscou-se a definição de *smart contract* ou contrato inteligente. Foi percebido que o conceito não é unânime, e que parte da falta de uniformidade ocorre em razão de que os primeiros conceitos partiram de estudos da área da tecnologia da informação, e não da área jurídica.

Foram apresentados, contudo, alguns conceitos de *smart contract*, e buscou-se extrair conceitos jurídicos a partir desses. Assim, foi verificado que os *smart contracts* podem ser divididos em dois grandes grupos: aqueles que possuem natureza jurídica contratual e aqueles que não possuem, os quais foram denominados, respectivamente, de *smart contracts* em sentido estrito e *smart contracts* em sentido amplo. Foi dito, também, que o presente trabalho trataria do estudo dos *smart contracts* em sentido estrito.

A justificativa de que os *smart contracts* em sentido estrito são de fato contratos foi dada sob a luz da teoria do fato jurídico, bem como do conceito de contrato.

Tendo em vista que a teria do negócio jurídico pressupõe o plano da existência, validade e eficácia para os contratos, foi necessário entender como os contratos inteligentes estariam correspondendo aos requisitos de cada um dos três planos. Dessa maneira, foi visto que, quanto ao plano da existência, os contratos inteligentes em nada são contrários, visto que existem no mundo jurídico, já que são um acordo de vontades que visa a estabelecer direitos e obrigações. Em outras palavras, não há óbice quanto aos elementos de existência para a celebração de *smart contracts*.

Quanto ao plano da validade, também foi visto que, no direito brasileiro, a forma dos contratos não é relevante, a menos que a própria lei assim defina. Logo, os contratos inteligentes não encontram empecilhos quanto à forma, a menos que sejam celebrados contratos que exijam forma específica. Assim, sendo um contrato cuja forma escolhida foi a forma de um *smart contract*, não seria isso, por si só, atentatório aos requisitos de validade do negócio jurídico.

Já quanto ao plano da eficácia, foi apresentado o conceito de fatores de eficácia, bem como analisados em relação aos contratos inteligentes. Foram percebidos alguns problemas, tais como o da dificuldade de celebrar o distrato, bem como o da impossibilidade de os efeitos contratuais serem negados pelo juiz. Porém, tais problemas não impediriam necessariamente a celebração desse tipo de contrato, haja vista que não há impedimentos no que tange aos fatores de eficácia do negócio jurídico.

Foram, também, trazidas algumas classificações possíveis acerca dos *smart contracts* em sentido estrito, as quais poderiam colaborar para seu melhor entendimento e compreensão de seu funcionamento. Foi visto que podem ser classificados em relação à dificuldade de alteração de suas cláusulas, em relação à linguagem utilizada (se totalmente em programação ou se parcialmente), quanto à necessidade ou não de intervenção humana no auxílio ao cumprimento do contrato, quanto à natureza da obrigação que é cumprida de forma automatizada pelo contrato, quanto a estar ou não registrado em *blockchain*, quanto à possibilidade ou não de os contratos captarem dados externos que alterem na execução do *smart contract*, bem como em relação à existência ou não de inteligência artificial na criação dos *smart contracts*. Contudo, essas classificações não esgotam outras que podem vir a surgir em estudos posteriores.

A seguir, foram apontados alguns dos desafios que os *smart contracts* trazem, tais como a celebração sob a forma de linguagem de programação. A mesma traz desafios não apenas em relação à possibilidade ou não de celebração, mas também em relação a erros que poderiam ocorrer pelas partes na redação das cláusulas, bem como demais nulidades ou anulabilidades no contrato em que não seria possível o desfazimento do mesmo, haja vista que a execução é automatizada.

Foram apontados, também, aspectos em relação à interpretação dos *smart contracts*. Foi visto que, nesses contratos, em razão de que se executam sem depender das partes contratantes, há a necessidade de se formularem cláusulas de caráter bastante objetivo, eliminando, assim, a vagueza do contrato, pois é a própria programação que será responsável por "ler" os termos e realizar o cumprimento.

Por fim, foram analisados alguns dos problemas trazidos pela impossibilidade de alteração das cláusulas do smart contract. Foi visto que é possível programar um contrato inteligente de forma que o mesmo tenha algumas possibilidades de alteração, desde que isso esteja registrado em seu código quando de sua criação.

Contudo, aqueles contratos cuja alteração não é possível ou é extremamente dificultada causa problemas como a impossibilidade de desfazimento do contrato em caso de erro ou dolo. Isso tornaria impossível a anulabilidade do negócio jurídico e faria com que as partes tivessem de recorrer a vias externas ao contrato a fim de buscar a tutela de seus direitos.

Buscou-se, assim, trazer elementos para análise dos *smart contracts* em relação ao ordenamento jurídico brasileiro. Recomenda-se a continuidade do estudo, tendo em vista o caráter bastante recente desses tipos de contratos, bem como recomendam-se estudos específicos em relação a cada um dos desafios que trazem.

BIBLIOGRAFIA

101 BLOCKCHAINS. **Blockchain híbrida: o melhor dos dois mundos**. Disponível em: https://101blockchains.com/pt/blockchain-hibrida-explicado/. Acesso em: 20/5/2019.

ALMEIDA COSTA, Mario Júlio. **Aspectos modernos do direito das obrigações**. Almedina, 1980.

ANTUNES VARELA, João de Matos. **Das Obrigações em geral: Vol. 2**. Almedina, 1980.

ATZEI, Nicola; BARTOLETTI, Massimo; CIMOLI, Tiziana. **A Survey of Attacks on Ethereum Smart Contracts (SoK). A Survey of Attacks on Ethereum Smart Contracts (SoK).** In: Maffei M., Ryan M. (eds) Principles of Security and Trust. POST 2017. Lecture Notes in Computer Science, vol 10204. Springer, Berlin, Heidelberg. p. 164-186.

AZEVEDO, Antônio Junqueira de. **Negócio Jurídico: Existência, Validade E Eficácia** . Editora Saraiva, 2000.

AZEVEDO, Antônio Junqueira de. **Negócio Jurídico: existência, validade e eficácia.** 4ª ed. De acordo com o novo Código Civil. São Paulo: Saraiva, 2002.

AZEVEDO, Antônio Junqueira de. **Princípios do novo direito contratual e desregulamentação do mercado–direito de exclusividade nas relações contratuais de fornecimento–função social do contrato e responsabilidade aquiliana do terceiro que contribui para inadimplemento contratual.** Revista dos Tribunais, v. 750, p. 113-120, 1998.

BALCONI, Lucas Ruiz; ZARELLI, Renata Calheiros; MORETI, Mariana Piovezani. **Do uso da inteligência artificial nos contratos e seus (d)efeitos.** Revista de Direito Privado, V. 86. 2018. p. 87-103.

BARRAL, Welber. **Metodologia da pesquisa jurídica.** Editora del Rey, 2007.

BETTI, Emílio. **Teoria Geral do Negócio Jurídico (Tomos I, II e III).** Campinas: LZN Editora, 2003.

BETTI, Emilio. **Teoria geral do negócio jurídico**. Servanda Editora, 2008.

BEVILACQUA, CLÓVIS. **Teoria Geral do Direito Civil**. São Paulo: Red Livros, 2001.

Bit 2 me. **Smart contracts, o que são, como funcionam e o que resolvem?**.Disponível em : https://blog.bit2me.com/pt/que-sao-os-smart-contracts/.

BIT DEGREE. **Ethereum vs Bitcoin: Is Ethereum a Better Bitcoin Alternative?**. Disponível em: https://www.bitdegree.org/tutorials/ethereum-vs-bitcoin/#Smart_contracts. Acesso em 20/4/2019.

BOURQUE, Samuel; TSUI, Sara Fung Ling. **A Lawyer's introduction to smart contracts**. Scientia Nobolitat. The Republic of Poland, 2004. P. 4. Disponível em: https://github.com/joequant/scms/blob/master/doc/pdfs/A%20Lawyer's%20Introduction%20to%20Smart%20Contracts.pdf. Acesso em: 05/11//2017.

BRANCO, Gerson Luiz Carlos. **Solidariedade social e socialidade na disciplina da liberdade contratual**. Disponível em:

http://www.cidp.pt/publicacoes/revistas/ridb/2012/01/2 012_01_0113_0141.pdf.

BRASIL, **Código de Processo Civil. Lei n.º 10.406/2002**, de 10 de janeiro de 2002. Disponível em: <http://www.planalto.gov.br/ccivil_03/leis/2002/L10406 .htm> Acesso em 6/3/2019.

BRASIL. **Receita Federal publica norma sobre compartilhamento de dados utilizando tecnologia Blockchain**. Disponível em : http://receita.economia.gov.br/noticias/ascom/2018/no vembro/receita-federal-publica-norma-sobre-compartilhamento-de-dados-utilizando-tecnologia-blockchain. Acesso em 15/05/2019.

CAMPOS, Gabriela Isa Rosendo Vieira Campos. **Bitcoin: consequências jurídicas do desenvolvimento da moeda virtual.** In: Revista Brasileira de Direito. v. 1. n. 2. 2015. Disponível em: https://seer.imed.edu.br/index.php/revistadedireito/arti cle/view/769/950. Acesso: 30/10/2017.

CONJUR. **Surgem as cortes de arbitragem virtual na estrutura do blockchain**. Disponível em: <https://www.conjur.com.br/2017-nov-

02/surgem-cortes-arbitragem-virtual-estrutura-blockchain>. Acesso em 6/3/2019.

CORRALES, Marcelo; Fenwick, Mark; Haapio, Helena. **Digital Technologies, Legal Design and the Future of the Legal Profession**. in: Legal Tech, Smart Contracts and Blockchain. Springer, 2019.

CORRALES, Marcelo; JURCYS, Paulius; KOUSIOURIS, George. **Smart contracts and smart disclosure: coding a GDPR compliance framework**. in: Legal Tech, Smart Contracts and Blockchain. Springer, 2019.

COUTO E SILVA, Clóvis V. do. **Obrigação Como Processo**, a. FGV Editora, 2006.

DIAS, Lucia Ancona Lopez de Magalhães. **Onerosidade excessiva e revisão contratual no direito privado brasileiro. Fundamentos e princípios dos contratos empresariais**. FGV, 2009.

DIVINO, Sthéfano Bruno Santos. **Smart contracts: conceitos, limitações, aplicabilidade e desafios.** Revista Jurídica Luso-Brasileira, ano 4, 2018, nº 6. Disponível em: http://www.cidp.pt/revistas/rjlb/2018/6/2018_06_2771_2808.pdf

FAIRFIELD, Joshua. Smart contracts, **Bitcoin bots, and consumer protection.** Wash. & Lee L. Rev. Online, v. 71, p. 35-299, 2014. Disponível em https://www.lexisnexis.com/en-us/products/lexis-advance.page. Acesso em: 01/11/2017.

FERREIRA, Ivette Senise; BAPTISTA, Luiz Olavo. **Novas fronteiras do direito na era digital**. São Paulo: Saraiva, v. 2002, 2002.

FERREIRA, Natasha Alves. **Incertezas Jurídicas e Econômicas da Bitcoin como Moeda.** Disponível em: http://www.publicadireito.com.br/artigos/?cod=1ecccc0718eb6582. Acesso em: 09.jun.2017. Acesso em: 27/10/2017.

GIBRAN, Sandro Mansur; ALVES JÚNIOR, Sérgio Itamar; KOSOP, Roberto José Covaia. **O bitcoin e as criptomoedas: reflexos jurídicos em um comércio globalizado**. Administração de Empresas em Revista, v. 15, n. 16, p. 117-134, 2017.

GOMES, Orlando. **Contratos**. Atualizada por Humberto Theodoro Júnior. Rio de Janeiro: Forense, 2000.

GOMES, Orlando. **Contratos**. Atualizadores Antonio Junqueira de Azevedo e Francisco Paulo de Crescenzo Marino. Forense: 2007.

GONÇALVES, Oksandro. **Smart Contracts.** Palestra proferida no evento Direito, Tecnologia e Empreendedorismo, no dia 27 de agosto de 2019, no auditório da PUCRS.

GONÇALVES, Pedro Vilela Resende; CAMARGOS, Rafael Coutinho. **Blockchain, smart contracts e 'judge as a service'no direito brasileiro**. Governança das redes e o Marco Civil da Internet. Disponível em: <http://irisbh.com.br/wp-content/uploads/2017/09/Anais-II-Semin%C3%A1rio-Governan%C3%A7a-das-Redes-e-o-Marco-Civil-da-Internet.pdf#page=207>. Acesso em 23/12/2018.

GUERREIRO, Nicolas. **Blockchain y algunas de sus aplicaciones**. Disponível em: https://www.academia.edu/30141382/blockchain_y_algunas_de_sus_aplicaciones. Acesso em 2/11/2017.

GUIA DO BITCOIN. **Agência da ONU explora contratos inteligentes do Ethereum.** Disponível em: <https://guiadobitcoin.com.br/agencia-

da-unicef-explora-contratos-inteligentes/>. Acesso em 6/3/2019.

IANSITI, Marco; LAKHANI, Karim R. **The truth about blockchain**. Harvard Businnes Review. Disponível em https://hbr.org/2017/01/the-truth-about-blockchain. Acesso em 05/11/2017.

Irti, Natalino. **Scambi senza accordo**. In Riv. trim. dir. proc. civ (Vol. 347).

JÚNIOR, Armando Alvares Garcia. **Direito internacional: questões atuais**. Aduaneiras, 2005.

LESSIG, Lawrence. **Code**. V. 2.0. Basic Books, New York. 2006.

LÔBO, Paulo. **Direito Civil: Contratos**. São Paulo. Saraiva. 2011.

LONGHI, João Victor Rozatti; NOGUEIRA, Marco Aurélio. **Teoria do fato jurídico: considerações sobre a doutrina da inexistência à luz da metodologia civil-constitucional**. REVISTA DA FACULDADE DE DIREITO- UFU, v. 44, n. 2

LORENZETTI, Ricardo L. **Comércio Eletrônico**. Tradução de Fabiano Menke. São Paulo: Revista dos Tribunais, 2004.

MARTINS-COSTA, Judith. **A boa-fé no direito privado: critérios para sua aplicação**. São Paulo. Marcial Pons, 2015.

MAYRINK, Otávio. **Smart Contracts: Ruptura e Legalidade – Uma Análise Jurídica**. Disponível em: https://www.scribd.com/document/329648032/Smart-Contracts-Ruptura-e-Legalidade-Uma-Analise-Juridica. Acesso em: 27/10/2017.

MEDINA, Francisco Sabadin. **O negócio jurídico inexistente e o plano da existência: são eles categorias precisas na análise dos negócios jurídicos?** Revista de Direito Privado. V. 71. 2016. p. 179-222.

MELLO, Marcos Bernardes de. **Teoria do fato jurídico: plano da eficácia**. Saraiva, 2003.

MELLO, Marcos Bernardes de. **Teoria do fato jurídico: plano da existência**. Saraiva, 2003.

MELLO, Marcos Bernardes de. **Teoria do fato jurídico: plano da validade**. Saraiva, 2003.

MENKE, Fabiano. **A interpretação das cláusulas gerais: a subsunção e a concreção dos conceitos**. Revista Ajuris. 2006. p. 69-94.

MENKE, Fabiano. **Assinatura eletrônica no direito brasileiro**. Editora Revista dos Tribunais, 2005.

MIRAGEM, Bruno. **Direito Civil–Direito das Obrigações**. Editora Saraiva, 2018.

MOREIRA ALVES, José Carlos. **Direito romano**. Rio de Janeiro: Forense, 2016.

MOREIRA, Rodrigo. **Investigação preliminar sobre a natureza e os critérios de interpretação dos *smart contracts***. Aguardando publicação.

MORIRA ALVES, José Carlos. **A parte geral do projeto do Código Civil**. Revista CEJ, v. 3, n. 9, p. 5-11, 1999.

NAKAMOTO, Satoshi. **Bitcoin: A Peer-to-Peer Electronic Cash System** Disponível em: https://bitcoin.org/bitcoin.pdf. Acesso em 28/10/2017. Acesso em: 27/10/2017.

NETO, Floriano de Azevedo Marques; DE FREITAS, Rafael Véras. **Uber, WhatsApp, Netflix: os novos quadrantes da publicatio e da assimetria regulatória**. Editora Forum. Disponível em: <http://www.editoraforum.com.br/ef/wp-

content/uploads/2016/12/famn-rv.pdf>. Acesso em 20/12/2019.

NOTÍCIA. Disponível em: Criptomoedasfacil.com. **Bit Gold: Nick Szabo esteve a poucos passos de inventar o Bitcoin** . Disponível em: https://www.criptofacil.com/bit-gold-nick-szabo-esteve-a-poucos-passos-de-inventar-o-bitcoin/

NOTÍCIA. Disponível em: https://altcoin.com.br/

NOTÍCIA. Disponível em: https://bitcoinmagazine.com/articles/yes-bitcoin-can-do-smart-contracts-and-particl-demonstrates-how/

NOTÍCIA. Disponível em: https://cryptowatch.com.br/dash-hiperinflacao-venezuela/

NOTÍCIA. Disponível em: https://www.agatetepe.com.br/construa-seu-primeiro-ethereum-smart-contract-com-solidez-tutorial/

NOTÍCIA. Disponível em: https://www.reddit.com/r/dashpay/comments/7znq6l/smart_contracts_on_dash/

OPPO, Giorgio. (1998). **Disumanizzazione del contratto**. Riv. dir. civ, 525. 1998.

PEREIRA, Caio Mário da Silva. **Instituições de direito civil**, v. I, Forense. 2004.

PINHEIRO, Patricia Peck. **Direito Digital**. 6ª edição. São Paulo: Saraiva. 2016.

PONTES DE MIRANDA. **Tratado de Direito Privado. Tomo III – Negócios Jurídicos**. São Paulo: Revista dos Tribunais, 2012.

PONTES, DE MIRANDA; CAVALCANTE, Francisco. **Tratado de Direito Privado. Tomo I**. São Paulo: RT, 2012

PONTES, DE MIRANDA; CAVALCANTE, Francisco. **Tratado de Direito Privado. Tomo IV**. São Paulo: RT, 2012.

PORTAL DO BITCOIN. **"Blockchain privada é a solução para diminuir custos", diz chefe de informação do Bacen**. Disponível em https://portaldobitcoin.com/blockchain-privada-e-solucao-para-diminuir-custos-diz-chefe-de-informacao-do-bacen/. Acesso em: 20/05/2019.

RASKIN, Max. **The law and legality of smart contracts**. in: Georgetown Law Technology Review. 2017. V 305. Disponível em https://georgetownlawtechreview.org/wp-content/uploads/2017/05/Raskin-1-GEO.-L.-TECH.-REV.-305-.pdf.

SÁENZ, Marina Echebarría. **Contratos electronicos autoejecutables (smart contract) y pagos con tecnología blockchain**. Universidad de Valladolid. 2017. p. 69-97.

SANTOLIM, Cesar Viterbo Matos. **Formação e eficácia probatória dos contratos por computador**. Ed. Saraiva, 1995.

SANTOLIM, Cesar Viterbo Matos. **Os princípios de proteção do consumidor e o comércio eletrônico no direito brasileiro**. Revista de Direito do Consumidor, v. 55, 2005.

SAVELYEV, Alexander. **Contract Law 2.0: Smart contracts as the beginning of the end of classic contract law**. Information and Communications Technology Law. Vol. 26, n.2, p. 116-134, jan-abr. 2017. Disponível em:

http://www.tandfonline.com/doi/full/10.1080/13600834. 2017.1301036.

SCHMIDT, Jan Peter. **Vida e obra de Pontes de Miranda a partir de uma perspectiva alemã–com especial referência à tricotomia "existência, validade e eficácia do negócio jurídico"**. Revista Fórum de Direito Civil–RFDC, 2014.

SERPA LOPES, Miguel Maria de. **Curso de Direito Civil (Introdução, Parte Geral e Teoria dos Negócios Jurídicos)**. V. 1. Livraria Freitas Bastos S.A. 1953.

SILVA, Caio Mario Pereira da. **Instituições de direito civil. Contratos. Declaração Unilateral de Vontade. Resposabilidade Civil**, v. 3. Rio de janeiro: Forense, 2014.

SINGH, Simon. **O livro dos códigos. A ciência do sigilo - do antigo Egito à criptografia quântica**. Record. São Paulo, 2004.

SOUSA RIBEIRO, Joaquim de. **O controlo do conteúdo dos contratos: uma nova dimensão da boa fé**. Revista da Faculdade de Direito UFPR, v. 42, 2005.

SZABO, Nick. **Formalizing and securing relationships on public networks**. Disponível em: https://firstmonday.org/ojs/index.php/fm/article/view/54 8/469#Building

SZABO, Nick. **Smart Contracts: Building Blocks for Digital Markets**. 1996. Disponível em: http://www.fon.hum.uva.nl/rob/Courses/InformationInS peech/CDROM/Literature/LOTwinterschool2006/szab o.best.vwh.net/smart_contracts_2.html.

TAPSCOTT, Don; Tapscott, Alex. **Blockchain revolution. Como a tecnologia por trás do bitcoin está mudando o dinheiro, os negócios e o mundo**. Senai-SP, São Paulo: 2017.

TAPSCOTT, Don; TAPSCOTT, Alex. **Blockchain Revolution: How the technology behind Bitcoin is changing money, business, and the world**. Penguin, 2016.

TARTUCE, Flávio. **Direito Civil. Vol. 1: Lei de Introdução E Parte Geral** . Grupo Gen-Editora Método Ltda., 2000.

TECNOLOGIA DO DIA. **Muito além da Bitcoin: Especialista acredita que a tecnologia Blockchain pode ajudar o Sistema Judiciário**.

Disponível em: <http://www.tecnologiadodia.com.br/tecnologia/muito-alem-da-bitcoin-especialista-acredita-que-a-tecnologia-blockchain-pode-ajudar-o-sistema-judiciario,4264.jhtml>. Acesso em 6/3/2019.

TEIXEIRA, Tarcisio; LOPES, Alan Moreira. **Direito das novas tecnologias: legislação eletrônica comentada, mobile law e segurança digital**. São Paulo: Revista dos Tribunais, 2015.

TESHEINER, José Maria Rosa; BAGGIO, Lucas Pereira. **Não Existe "Mundo Jurídico" Paralelo ao Mundo Fático**. 2004. Disponível em: http://www.tex.pro.br/home/artigos/108-artigos-out-2004/5205-nao-existe- mundo-juridico-paralelo-ao-mundo-fatico.

TIMMER, Ivar. **Contract automation: experiences from dutch legal practice.** in: Legal Tech, Smart Contracts and Blockchain. Springer, 2019.

UNCITRAL. **Model Law on Electronic Commerce with Guide to Enactment 1996**. Disponível em: https://uncitral.un.org/sites/uncitral.un.org/files/media-documents/uncitral/en/19-04970_ebook.pdf.

UNSWORTH, Rory. **Smart contracts this! An assessment of the contractual landscape and the herculean challenges it currently presents for "self-executing" contracts**. in: Legal Tech, Smart Contracts and Blockchain. Springer, 2019.

VENOSA, Silvio de Salvo. **Direito civil: teoria geral das obrigações e teoria geral dos contratos**, volume II, 5ª. Edição, São Paulo: Atlas, 2005.

WONGTSCHOWSKI, Vânia. **Conversão substancial do negócio jurídico**. Dissertação de mestrado, PUC-SP. Disponível em :http://www.dominiopublico.gov.br/download/teste/arqs/cp063197.pdf

WRIGHT, Aaron; PRIMAVERA De Filippi. **Decentralized blockchain technology and the rise of lex cryptographia.** *SSRN,* 2015. Disponível em: https://papers.ssrn.com/sol3/papers.cfm?abstract_id=2580664

WRIGLEY, Sam. **"When people just click": addressing the difficulties of controller/processor agreements online**. in: Legal Tech, Smart Contracts and Blockchain. Springer, 2019.

ZANETTI, Cristiano de Sousa. **A conservação dos contratos nulos por defeito de forma**. Quartier Latin. São Paulo. 2013.